海上絲綢之路基本文獻叢書

吾妻鏡補（四）

〔清〕翁廣平　纂

文物出版社

圖書在版編目（CIP）數據

吾妻鏡補．四／（清）翁廣平纂．-- 北京：文物出版社，2023.3
（海上絲綢之路基本文獻叢書）
ISBN 978-7-5010-7965-0

Ⅰ．①吾… Ⅱ．①翁… Ⅲ．①日本－歷史－史料 Ⅳ．①K313.06

中國國家版本館 CIP 數據核字（2023）第 026324 號

海上絲綢之路基本文獻叢書

吾妻鏡補（四）

纂　　者：〔清〕翁廣平
策　　劃：盛世博閱（北京）文化有限責任公司

封面設計：鞏榮彪
責任編輯：劉永海
責任印製：張　麗

出版發行：文物出版社
社　　址：北京市東城區東直門内北小街 2 號樓
郵　　編：100007
網　　址：http://www.wenwu.com
經　　銷：新華書店
印　　刷：河北賽文印刷有限公司
開　　本：787mm×1092mm　1/16
印　　張：12.75
版　　次：2023 年 3 月第 1 版
印　　次：2023 年 3 月第 1 次印刷
書　　號：ISBN 978-7-5010-7965-0
定　　價：90.00 圓

總緒

海上絲綢之路，一般意義上是指從秦漢至鴉片戰爭前中國與世界進行政治、經濟、文化交流的海上通道，主要分爲經由黄海、東海的海路最終抵達日本列島及朝鮮半島的東海航綫和以徐聞、合浦、廣州、泉州爲起點通往東南亞及印度洋地區的南海航綫。

在中國古代文獻中，最早、最詳細記載「海上絲綢之路」航綫的是東漢班固的《漢書·地理志》，詳細記載了西漢黄門譯長率領應募者入海「齎黄金雜繒而往」之事，書中所出現的地理記載與東南亞地區相關，并與實際的地理狀况基本相符。

東漢後，中國進入魏晋南北朝長達三百多年的分裂割據時期，絲路上的交往也走向低谷。這一時期的絲路交往，以法顯的西行最爲著名。法顯作爲從陸路西行到印度，再由海路回國的第一人，根據親身經歷所寫的《佛國記》（又稱《法顯傳》）一書，詳細介紹了古代中亞和印度、巴基斯坦、斯里蘭卡等地的歷史及風土人情，是瞭解和研究海陸絲綢之路的珍貴歷史資料。

隨着隋唐的統一，中國經濟重心的南移，中國與西方交通以海路爲主，海上絲綢之路進入大發展時期。廣州成爲唐朝最大的海外貿易中心，朝廷設立市舶司，專門管理海外貿易。唐代著名的地理學家賈耽（七三〇～八〇五年）的《皇華四達記》記載了從廣州通往阿拉伯地區的海上交通『廣州通海夷道』，詳述了從廣州港出發，經越南、馬來半島、蘇門答臘島至印度、錫蘭，直至波斯灣沿岸各國的航綫及沿途地區的方位、名稱、島礁、山川、民俗等。譯經大師義净西行求法，將沿途見聞寫成著作《大唐西域求法高僧傳》，詳細記載了海上絲綢之路的發展變化，是我們瞭解絲綢之路不可多得的第一手資料。

宋代的造船技術和航海技術顯著提高，指南針廣泛應用於航海，中國商船的遠航能力大大提升。北宋徐兢的《宣和奉使高麗圖經》詳細記述了船舶製造、海洋地理和往來航綫，是研究宋代海外交通史、中朝友好關係史、中朝經濟文化交流史的重要文獻。南宋趙汝适《諸蕃志》記載，南海有五十三個國家和地區與南宋通商貿易，形成了通往日本、高麗、東南亞、印度、波斯、阿拉伯等地的『海上絲綢之路』。宋代爲了加强商貿往來，於北宋神宗元豐三年（一〇八〇年）頒布了中國歷史上第一部海洋貿易管理條例《廣州市舶條法》，并稱爲宋代貿易管理的制度範本。

元朝在經濟上採用重商主義政策，鼓勵海外貿易，中國與世界的聯繫與交往非常頻繁，其中馬可·波羅、伊本·白圖泰等旅行家來到中國，留下了大量的旅行記，記録元代海上絲綢之路的盛况。元代的汪大淵兩次出海，撰寫出《島夷志略》一書，記録了二百多個國名和地名，其中不少首次見於中國著録，涉及的地理範圍東至菲律賓群島，西至非洲。這些都反映了元朝時中西經濟文化交流的豐富内容。

明、清政府先後多次實施海禁政策，海上絲綢之路的貿易逐漸衰落。但是從明永樂三年至明宣德八年的二十八年裏，鄭和率船隊七下西洋，先後到達的國家多達三十多個，在進行經貿交流的同時，也極大地促進了中外文化的交流，這些都詳見於《西洋蕃國志》《星槎勝覽》《瀛涯勝覽》等典籍中。

關於海上絲綢之路的文獻記述，除上述官員、學者、求法或傳教高僧以及旅行者的著作外，自《漢書》之後，歷代正史大都列有《地理志》《四夷傳》《西域傳》《外國傳》《蠻夷傳》《屬國傳》等篇章，加上唐宋以來衆多的典制類文獻、地方史志文獻，集中反映了歷代王朝對於周邊部族、政權以及西方世界的認識，都是關於海上絲綢之路的原始史料性文獻。

海上絲綢之路概念的形成，經歷了一個演變的過程。十九世紀七十年代德國地理學家費迪南·馮·李希霍芬(Ferdinad Von Richthofen，一八三三～一九〇五)，在其《中國：親身旅行和研究成果》第三卷中首次把輸出中國絲綢的東西陸路稱爲『絲綢之路』。有『歐洲漢學泰斗』之稱的法國漢學家沙畹(Édouard Chavannes，一八六五～一九一八)，在其一九〇三年著作的《西突厥史料》中提出『絲路有海陸兩道』，蘊涵了海上絲綢之路最初提法。迄今發現最早正式提出『海上絲綢之路』一詞的是日本考古學家三杉隆敏，他在一九六七年出版《中國瓷器之旅：探索海上的絲綢之路》中首次使用『海上絲綢之路』一詞；一九七九年三杉隆敏又出版了《海上絲綢之路》一書，其立意和出發點局限在東西方之間的陶瓷貿易與交流史。

二十世紀八十年代以來，在海外交通史研究中，『海上絲綢之路』一詞逐漸成爲中外學術界廣泛接受的概念。根據姚楠等人研究，饒宗頤先生是中國學者中最早提出『海上絲綢之路』的人，他的《海道之絲路與昆侖舶》正式提出『海上絲路』的稱謂。選堂先生評價海上絲綢之路是外交、貿易和文化交流作用的通道。此後，學者馮蔚然在一九七八年編寫的《航運史話》中，也使用了『海上絲綢之路』一詞，此書更多地限於航海活動領域的考察。一九八〇年北京大學陳炎教授提出『海上絲綢之路』研究，并於一九八一年發表《略論海上絲綢之路》一文。他對海上絲綢之路的理解超越以往，且帶有濃厚的愛國主義思想。陳炎教授之後，從事研究海上絲綢之路的學者越來越多，尤其沿海港口城市向聯合國申請海上絲綢之路非物質文化遺産活動，將海上絲綢之路研究推向新高潮。另外，國家把建設『絲綢之路經濟帶』和『二十一世紀海上絲綢之路』作爲對外發展方針，將這一學術課題提升爲國家願景的高度，使海上絲綢之路形成超越學術進入政經層面的熱潮。

與海上絲綢之路學的萬千氣象相對應，海上絲綢之路文獻的整理工作仍顯滯後，遠遠跟不上突飛猛進的研究進展。二〇一八年厦門大學、中山大學等單位聯合發起『海上絲綢之路文獻集成』專案，尚在醞釀當中。我們不揣淺陋，深入調查，廣泛搜集，將有關海上絲綢之路的原始史料文獻和研究文獻，分爲風俗物産、雜史筆記、海防海事、典章檔案等六個類别，彙編成《海上絲綢之路歷史文化叢書》，於二〇二〇年影印出版。此輯面市以來，深受各大圖書館及相關研究者好評。爲讓更多的讀者親近古籍文獻，我們遴選出前編中的菁華，彙編成《海上絲綢之路基本文獻叢書》，以單行本影印出版，以饗讀者，以期爲讀者展現出一幅幅中外經濟文化交流的精美畫卷，爲海上絲綢之路的研究提供歷史借鑒，爲『二十一世紀海上絲綢之路』倡議構想的實踐做好歷史的詮釋和注脚，從而達到『以史爲鑒』『古爲今用』的目的。

凡例

一、本編注重史料的珍稀性，從《海上絲綢之路歷史文化叢書》中遴選出菁華，擬出版數百册單行本。

二、本編所選之文獻，其編纂的年代下限至一九四九年。

三、本編排序無嚴格定式，所選之文獻篇幅以二百餘頁爲宜，以便讀者閲讀使用。

四、本編所選文獻，每種前皆注明版本、著者。

五、本編文獻皆爲影印，原始文本掃描之後經過修復處理，仍存原式，少數文獻由於原始底本欠佳，略有模糊之處，不影響閱讀使用。

六、本編原始底本非一時一地之出版物，原書裝幀、開本多有不同，本書彙編之後，統一爲十六開右翻本。

目録

吾妻鏡補（四）

吾妻鏡補（四）

卷二十二至卷二十八

〔清〕翁廣平 纂

清抄本

吾妻鏡補卷二十二

吳江翁廣平 海琛纂

藝文志

源陶小野氏字君平號東谿官清館監著有鏡秀亭草稿

右詩一卷乃日本源監東谿所著神理清超風格雋逸直堪尾庭唐賢當與晁監爲亞矣近世朱錫鬯氏編輯前代詩綜於日本蒐羅僅兩三篇茲則裒然成帙將流傳於後俾知我

朝文教覃敷洵不遺海隅日出之邦也嘉慶戊辰春
王正月既望吳江任兆麟書

草堂述懷

寂臨梅崎水几與大浦鄰磴道勞攀陟林邱何嶙峋上
有十二戶三衢似比鱗雞犬紛相接妻帑衣食均交態
多如醴豈無疏與親委任我職務文墨獨生塵白駒過
難縶今晨非昨晨愛惜非惜冬弄花非迎春晨轉如有
遑已哉悔傷神我祿當五斗誤作折腰人公暇潛吟誦
樽俎是清貧幸矣市井遠可以擬隱倫　時南窓下笑

戴漉酒巾梅崎大浦 地名

去婦怨

妾身如覆水流落路旁情鄰里花千樹閨窓月五更白頭吟既絕别鶴操偏成誰識孤樓後長慚再嫁名

悼城子信翁呈

政

翁也清標誰可陳胸中戰勝幾肥身繙書本擬譜三篋學劍何嘗敵一人不意秋搖落日忽爲泉路而別離辰最憐官暇甘幽隱未遇門前五柳春

戲咏猫

知汝生涯猙且柔細毛精蜜寵相求簾前日暖依人睡
花裡風香逐蝶遊變去雙睛隨玉漏磨采利爪似銀鉤
幾回陰夜增沈勇罵盡家鼠盜愁

贈大清客五子詩 并序

余嘗充清館監十四年於茲矣其致交於翰墨者不可枚舉今留館中者僅程赤城王蘭谷陳晴山之姚中一費晴湖五子耳余嘗恨室迩人遐不得共對林泉同吟雪月况今而後腰脫長劍口餐三匪不得邂逅相逢乎

因賦鄙律三首以訴面別之情三詩録一

泯跡風塵十四年此中遂喜得良緣姓名漫入金蘭譜
翰墨飜同流水經避世唯應羣鳥獸怡情妄要學神仙
異邦交友如相問為告盤桓松竹邊

余既贈五子詩而黄定甫再渡海入館實忘形良友
但余退隱之期甚邇面晤兩日比之五子別意更深
因倉卒賦一律奉贈

埜生將隱碧江頭豈計親朋重繫舟昨日相逢今日別
征年永戀昔年遊莫嘆脩圖甘三韭原悔此身畫兩牛

客館交情從此絕不知何處挹風流

嶋原行送雪巒上人

上人將出詹蔔園云是飛錫向嶋原嶋原之遊何以贈
詩言志兮歌永言送君作歌君怱訝嶋原之歌堪銷魂
去年地震幾百回九州岌岌危乎哉雲冥冥兮雨風颯
颯日夜憂疑坤軸摧郡縣恐怯皆歌耳此災本自嶋原
來嶋原鎮嶽三峯峙普賢奇突高崔嵬一夜絕頂山劈
劈煙火突起聲如雷大石飛揚舞碧落隕處萬壑千林
頹火炎崑岡玉石焚直燒前山爲坂灰此時城市將顛

覆四民栗慄羣悲哀荏苒光陰春復夏都邑忽使催租催急然落日南海鳴雨耶風耶是何声波濤洶湧衝天立怒鱉唯餘一孤城〻頭時裂山一方泥水迸出似熱湯噢岩噴石壁谿澗滔天浩〻波泱〻老壯蹂躪無所避既失山川與水鄉叫喚数萬人不見溺没長肥魚鱉〻腸水去景象飜然變不知世界同鴻荒江中新湧幾嶋嶼樹杪高挂誰衣裳骸骨縱横腥臭襲蹊成鷲見是屋梁八口死僅存一口四体糜爛或折傷爲面鵠形哭聲啞餓莩是處填波塘太守乞糶下恩澤光命群吏收散

云伐薪荣兮集畚插開确埆兮勸耕桑此時初覺天地靜想像禹功猶未央大野以北皆仍舊村外有寺名勝光獅座迎君供香積真諦應論選佛場知君何厭勞白足攀山渡水遠徊翔眼作法輪轉後看心起無生清悉歡誦經幾處吊新鬼呼筆何邉起文淵行矣長歌〻已闋聲時相憐阻交歡客程凄兮秋色暮林葉零兮霜露寒待君能探奇異跡歸來辯河漲舌端島原抵崎陽南東二日程鎮嶽曰雲仙山或曰溫泉山有三峯一普賢二觀國三曰之妙見上人所居禪室曰薝蔔閣前山在三峯前府城背

熊阪邦字子彥號台州東奥人其國中稱為台州先

生著述有十五種詳書目

野人贈早梅時秀兕將遊學東都鄉賦贈此下六首見南

遊稠載錄

忽訝江南驛使回野人持贈一枝梅偏憐大庾春前興
還向羅浮月裡催色動青陽堪染翰香含白雪好銜杯
況逢黃鳥遷喬日乞得吾將庭下栽

初春寄懷西川君子璉附秀兕致之

朱邸春雲傍客居知君未厭武昌魚樓前鶯囀應耽酒
竹外花深好著書醉後惟當嗟短髮愁來寧復戀長裾

爲言風樹休興感秋至歸鄉侍板輿予連有太孺人年方八十有三故云

豚兒秀託枕城記曹滕君敬夫以西遊别記錄一

部請傳諸琉球國邦恐其以人臣無外交不得傳也

同賦此謹上錦水源公

狂夫曾草遠遊編錯比机雲入洛年四海弟兄看意氣

中原鞭弭見周旋文章已被知音賞詩句還教同病憐

慚愧都官老教手爲衣好織七襄篇

井四明見寄示尾藤二洲先生墨水泛舟分韻遊

不忍池浦口兩諸作敢奉和其墨水泛舟韻亦

所謂非曰能之願學焉者也

墨江春水碧連空載酒仙丹與不窮堤柳欲眠田暖日
野梅含笑送香風白鷗渡口悲遊子青草洲邊羨釣翁
向夕始知羈絆在無由一夜宿孤蓬

鶩候重賜手書真隱亭榜字篆籀及隸行草凡五
體因作此奉謝且奉促寄題詩

君候奇筆有誰如贈我風流五体書已念籀斯窮妙日
邊疑羲獻鬥工餘幽亭花月識添色孤客幽懷忽復舒
却恨猶無寄題作一詩聊此待双魚

示人　見戊亥遊囊下同

曾就楊雄問守元翻從鄒衍學談天已看寂寞成都客
不及風流碣石賢萬古文章空自負千秋得失有誰憐
亦知後世論應定待爾燕台集早傳

和東都聯句五十韻　并序

寬政二年十月十九日東都徐君德卿邀尾藩谷子
相賀州處士田公幹及南畝田子耜椿亭羚猶人於
其芙蓉館相於賦詩篇成名曰東都聯句而脉光幸
得陪田子耜與斯盛筵也乃竊其詩以郵政焉披緘

而誦之則句句穎脫亦決〻乎大風也哉乃不任遥
想窮忭之至遂次其韻致之豚兒奉呈徐君兼贈諸
君子
鬱葱天府國髣髴漢唐都宮闕彰諸夏樓台見聖圖星
辰拱北極日月照東區耀武來三越脩文朝五胡王公
連第宅冠蓋溢郊鄠結客金千鎰招賓酒百壺侯門爭
買駿相府欲棲烏懷玉誰能識傳經衆所迂先朝青鎖
侶今日紫微軀常對芙蓉雪不耽吳越姝芽茶烹、石鼎
香桂燒銀鑪岳湛稱連璧名声擬八廚卧龍仍繇携刘

鳳浼丹味共挹荆山璞寧貪合浦珠已逢秋色老尚愛
露光數自送翔雲雁心憐避繳蘆不悲蘭蕙死但恨歲
年殂命偶臨適陌呼舟出廣衢城南門韋杜郭外訪崔
蘇雖盡王猷興非窮阮籍途金龍迎逸客墨水聘游覓
舞樹詩堪賦禪房醪可酷聽歌哀窈窕奉偶羨跏趺稍
覺塵根脱却嫌脂粉塗趣將時俗混調逐古賢狐白帝
歸刑政元冥擁斗樞能容蜉筑伴豈棄鼓刀屠閑宴評
卸索飛觴説典謨詩書兼禮樂琴瑟復笙竽共摘公羊
俗同論左氏巫樂情招隱士醉態輯狂奴聯句王孫唱

就章公子愉壯懷悲華岱雄志溢江湖只是親魚鳥饒
他落狖艷看山憶毛女望海念麻姑縱似微生直非如
武子愚氣酣弄如意興發碎珊瑚既有鍾期賞竟無和
氏誅片言人盡駭隻語孰相誣吾慕風流士獨憐儒俠
徒謝安恒賭墅劉毅尚呼盧忽報名良娣遂聞幸長姁
惟當成咏史那用草潛夫自異相如渴終同子夏癯陽
春行受謝葯餌不需扶豚犬知何幸英豪遇便殊通家
稱德義陪讌託葭莩遂得師兼友渾忘榮與枯遥傳諸
彥會乃共數君俱寄亦篇章美鏘鏘復煥乎

熊版秀字君實台州之子曾奉父命遊學各島與名
公鉅卿文人逸士相唱和彙集其詩曰南遊稠載
錄曰戌亥遊囊各一冊自爲之序乾隆嘉慶間日
本稱詩者咸奉熊版父子爲宗匠云

丹松館歌贈彥嶺越石君子心

渋海王孫好遠遊飄然嘗過二丹州州南州北多勝景
大江育野天橋幽就中天橋最奇絕雲山一一錦屏列
王孫既步天橋上豈羨乘槎駕虹蜺一帶長洲仙聖蹤
岸邊十里植高松偃蓋凌雲皆似鶴虬枝臨水總如龍

下有小松可移劇將攜歸種彥城曲栽培愛養看日長
青葱時〻入遐矚爲松開園助清標穿地爲山模天長
天橋宛在家園裏對之寧知丹海遥遂以丹松命華館
華館從此清陰滿樹迺良友成飲宴座中有人吹鳳管
興闌賓主開口笑賢主嘉賓稱〻妙盤桓松下清風生
吟咏池頭明月照〻東海遥思渫天〻橋奇絶〻益堪憐
欲往不能歌一曲異時再賦天橋邊
阿波朝君彥良奉栖龍源公命丸致搢紳家寄題海
左園二十境佳篇因賦此奉謝

東陸内河外小園烏塞旁興同彭澤里景比輞川莊松
老一邱古竹繁三徑荒華篇天上落卉木始生光

秋日泛湖得收字

載酒櫂輕舟湖邊爽氣秋收歌楓葉岸長嘯荻花洲波
浪遙山靜雲烟擁樹收今宵何限興不似楚臣愁

送金陵平君璋遊熱海

知君書畫兩風流樂意乘春探勝遊應對烟霞醫痼疾
何須夜月動羈愁鶯花貰酒歪關路雲物揮毫熱海樓
妙手奪將山水美歸來好向故投

春日遊四明井先生閔君松窓馬君白巖滕本君
竹堂西川君子璉井君孟道谷君務卿平君君
冑箕君世龍丘君君澤谷君文晁山君美卿宴
楊柳橋酒樓席上賦呈
春風貰酒宴羣賢楊柳橋頭二月天大史今宵窺象緯
中原此日見周旋鶯催染翰歌聲外花勸飛觴舞檻前
興到自矜爲彥會詩成還愧萬人傳
門田韋齋邀諸賢宴城東百川樓會者三百餘人
人贈以閔君松窓題詩邉廷輝畫一幅豈非一

時之雅宴乎余亦得與此宴焉因賦此呈松窓

閔君萧呈主人　蓋主人嘗從閔松窓遊令嗣某方學畫廷輝云

百川樓上宴嘉賓自學蘭亭卜暮春大謝詩成寧假梦

長康畫就欲通神坐觀山岳馳情遠醉對鶯花發興新

張客頼逢諸彥會風流不羨永和人

馮成字彥章號白巖官熊本侯侍讀

熊君君實邀諸君宴江樓因賦分韻得九青

墨水之隈邀客亭乘春野騎此相停梨花日暖當筵白

楊柳風輕遶酒青渤海欲傾俱舉爵林邱共坐好談經

塵纓今夕何須濯醉裏昏昏笑獨醒

井號四明

賡馬君彦章見贈韻

徹天精犯斗牛間遊矣西東承玉顔鎮國名山鰲海外

雄藩多士動江關橋横楊柳春堪賞窟近金龍晚欲攀

爲是王宮嚴出入晷移從者促君還

閔修齡字君長號松窓東都人

熊阪君實邀客柳橋馬君彦章有詩見示

橋上風搖楊柳烟招携詞客此周旋酒深温克康成飲

詩就清新太白篇萍梗相逢人世外笙歌自隔俗塵前
東山西海三千里為振佳期共繫船
滕世肅字敬夫號瓊山官枕城記曹
東奥熊阪台州先生以所著西遊記行因阿波朝
君棟藏見贈寡君數千里之遠不金玉爾音豈
不可謂盛意哉不佞世肅從側誦之不堪擊聊
賦短篇介朝子以呈按劍之叱其謂之何
追琢詩篇字字霜繼非漢魏不中唐洞天行滅神仙祕
勝地重生草木香遠託一函鴻縹緲相思千里意飛揚

知君足跡遍天下那怪文章類子長

赤崎楨翰字彥礼號海門官薩藩文學

題墨

古木八九株奇石二三斤白雲生其間只許幽人見

贈喬木叟

偉哉喬木叟託迹避塵机幽意誰能會清標世所希花迎狂態媚月引醉魂飛却笑陶元亮區區說昨非

菊池元習字博甫

陶彭澤歸去來圖

白雲山下茅屋黃菊籬邊華門時出時歸適意一醒一

醉忘言

吾妻鏡補卷二十三

吳江翁廣平　海琛纂

藝文志

古賀樸號精里

壺梁白器二賢携都籃集古愚軒谷南溪頃歸自

野席上畫

幽期同赴讀書幃歲暮吟哦塵慮微瓶插梅花凌朔雪窓橫松影帶斜暉卽候珍美移尉至道子丹青記勝歸月上巖城風栗烈航船一棹敵寒威

清河矩字正規瓊浦人

奉送熊皈君君實還東與用南湖先生韻

高樓一望對朝霞非土知君忽憶家莫道此行春已盡
東歸猶及故山花

大田覃字子耜號南畝東都人官屬大司農亦屬學
士

初夏送君實還鄉

信夫山北老農家歸去庭闈天一涯羨尔讀書青嶂下
綠陰深處話桑麻

送西川子建詩

男兒志四方以應懸桑弧匏瓜徒自繫不食奚所須客自閩東來云觀東海隅東海何泱泱衆流歸一區車馬闐城郭第宅溢通衢仰見青雲飛俯嗟白日徂離鄉已三載食貧寠且孤薄言辭此土適彼寧樂都

戲賦十二相寄議各子相

鼠山遥接戶山名牛渚誰班北渚荆虎觀校書思澤編兔豪揮筆彩雲盈龍吟笛榜梅花起蛇影弓臨杯酒明老馬空懷千里志羊存偏感一時情猿鳴片月霜花白

鷄唱三更曙色清狗尾續貂聊和韻猪奴遊戲愧兹生
閔慮明字尚文號蕙圃松窓子
送熊版君君實還興州
花飛春盡出關東歸馬翩翩意氣雄黑髮山幽朝雨過
金華路阻夏雲遍百年經術箕裘業三世文章屈宋風
到日高堂含問壯遊詩賦滿囊中
鈴猶人號椿亭
歲晚送熊版君君實還東興
清秋作客送居諸更先青春歸舊廬講學至今三世業

救荒常散九年儲淺香菰米空寒渚渨水風烟冷夜魚、
寶帶關邊君到日爲投鴻雁一封書
河世寧字子静號寛齋上毛人官昌平學都講著有
全唐詩佚三卷日本詩紀五十卷

初夏幽居

綠樹陰森中有家非僧非俗淡生涯來時未疾覺身老
遺倒閒眠到日斜籬外先烹、三寸笋雨前新供、半甌茶
此間一事偏堪喜春色剩看紅藥花

源世元佐佐利氏字長卿號石湖亦號琴臺淡海人

送源盤谷歸鄉

歲暮都門酒相逢相送時新知悲未契遠別重前期歸
騎鞭千里離亭柳一枝計程應倍道草〻又臨岐

春草

烟濕平湖綠漸多王孫幽興入佳期燒痕未盡風寒處
嫩色初匀雨霽時歸連天遥似水閑愁滿地細於絲
染成春恨丈難得欲把芳心寄所思

野公臺字子賤號東皐彥根人

為西川子璉題蓬蒿舍歌

蚤事真人授禁方三年賣藥市門旁市門湫狹可棲息
卜築新開一草堂杏樹移栽數畝陰蓬蒿滿徑一何深
垂帷日日耽經籍誰識主人高卧心主人原是狂簡士
且向人間試方技餘力學文兼賦詩挾策時游藝圃裡
老夫與汝忘年交昔時言志知汝高知汝自可致青雲
男兒何爲老蓬蒿請爲汝作蓬蒿詩汝且虚心聽其辞
縱然青雲終可致慎忽忘却蓬蒿詩

西川瑚字子璉一字元章號國華淡海人爲綾部侯
醫官著有上池秘錄蓬蒿詩集

滕忠成序畧曰寡人為世子見子璉於安達文仲所其所吟咏又多且夥至萬餘首頃欲上梓以不朽以集請題義不可辭也夫和者愈衆其曲愈卑滔〻者天下皆是也子璉好古守教與世之作者大有徑庭亦可以觀其志矣　古岳子高序畧曰我東方開國百年文教廣運於是乎伊藤氏初出正而不譎其徒濟〻相應物部氏續出剛而不撓其徒勃〻相擊獨太宰氏論定而不迷然創業之時經營多端未遑遄用力於詩文不亦惜乎至今

又百年文教殷富趨時尚之徒羣出狂言何足道
也西川子璉之於交際也以詩爲贄諸侯大夫鴻
儒名家苟好古者無不通名生七十餘歲故志亦
伊物二氏之依其不趨時尚殆論定而不迷者乎
今選其詩一百首於二萬首中將上之木託序於
余似有取余平生之論者故述此言
飯田忠哲跋畧曰子璉生於淡海游於東都受業
於大醫桃源吉田公之門學成筮仕於綾部侯幼
好聲詩初師東皋野子賤會寶歷年韓使道我藩

乃就湖上客館賦詩見志後逮見觀海松君修爾
來都下名流無不謁而應酬者其詩既編日本詩
撰者若干首今自拔萃一百首請余跋以手璉出
於我藩故不敢謝不敏因書復歷以為跋

贈山圖南

靄々東都內盈々多第宅佳人坐高樓吹簫倚日夕新
声一何清同調自相索齊心聽此曲隨風雜金石今者
其不樂奄忽死生隔

送野子賤

秋風起白雲飛木葉將黃落鴻雁鳴南歸々客遠去別
愁切驪歌一曲涓滿衣

春望台

高臺向望處滿目渺無涯瑞氣浮金闕春雲映玉池花
連千仞嶽烏集萬年枝佳麗青陽景熙々入酒卮

寄岡公修

登臨多晚景蕭瑟送西風城樹含晴氣江天落彩虹芙
蓉秋水外鴻雁夕陽中憐爾悲秋色詩篇獨自工

東都元日

鳳凰城闕彩雲間咫尺千門春色還上苑花香迎玉帛
御溝柳色映衣冠南山遥送丹霞麗東海高懸旭日寒
王氣巍然九天上萬邦朝會拜龍顔

訪田子亮

鳳凰城北柳青青寂寞柴關晝自扃一曲高歌操緑綺
千秋大業草玄經階前芳樹花臨席林下清尊月滿庭
惟有侯芭能載酒春風依舊子雲亭

贈朝鮮成士執

上國詞壇意氣豪藝林應識賦才高憐君異域遥探勝

處處春花映錦袍

答越伯孔見寄

携尊强上異鄉樓賓雁傳書問旅愁季子遊來貧轉甚
秋風吹敝黑貂裘

贈彥根相木君

滿園嘉樹映春醪千朵花香撲錦袍摩下良家多步士
何人不仰將星高

秋閨思

深閨獨夜淚痕斑夢裡何時到玉關翡翠簾前秋下斷

空懸明月似刀環

種濟字元民號箕山人彥根人

和答西川子璉

湖山風寒一敝廬烟波簑笠老耕漁百年生計長如此

無意王門混曳裾

宮明字子亮號金峯大和人

答西川子璉見訪之作

城東避世小渠流陋巷迎人徑路幽白雪侵春傳楚曲

紫氣凌斗識吳鉤雕龍老抱楊雄感去國新遺王粲遊

縱有望鄉心自切武陵花發使君留

松崎惟時字君脩號觀色山人

送西川子璉之南都便道省覲

江州鄉里擁湖城寧樂山川舊帝京駐馬定多懷古句
上堂纔慰倚門情

劉維翰字文翼號龍門南紀人

述志酬西川子璉

達士無所累節操殊世倫混俗簸靴韈茂視若竹塵自
抱渭華志被服義與仁摸聖希禮樂游說賤儀秦非遺

殷周世遠遭失要津盍將彫虫技被稱文藝今秉翰亦
何物弄玩殊貴神凡民葉公嗜聘々護欲剔好惡從他
論悠々任屈伸還怪琶湖客逐臭東海濱嘉章如新葩
惠贈鬥芳春諷詠傾尊酒苑中花鳴新纓奪榮辱際何
能長苦華偶得同懷侶寄言護相親

谷友信字文卿號藍水東都人

寄訊西川子璉

故園春草迸何如錦字花成闕倚閭蔽水舊歡殊不淺
投流應寄竹筒魚

釋海雲北越人

三月三日為西川子璉遥祝其太孺人八十壽

戴勝華冠映碧桃君家佳節酌山醪人間不隔瑤池水

遥仰崙々壽嶺高

館機字樞卿越後人官江都籌書著有椰灣漁唱集

霞亭北條讓序畧曰余昔遊北條祖能諳其風土

所謂々奇者奇則奇矣然可駭世俗之視聽未足

動風人之興懷也余特遊新岸之地長川渺瀰汪

為步溆滙為郊嶼隄梁之逶邐蘋藻之溶漾棹歌

欵乃互答乎柳烟水鷗之中魚蟹富饒菊多令人殆作松江之想吾謂風土之美既已如此安知無有高人逸士若皮陸輩隱於漁鉤間者而未逢其人焉偶於友人案頭得柳灣館翁詩而誦之甚愛其清逸淡宕旨趣自然問其人則斯地產也問其生平則一行作吏今在江都簿書期會之不暇猶且尋思吟咏蕭然自適余擊節曰有是哉風土之秀果出若人而其性情之所發又何與風土相類之甚也後得見翁其人猶其詩溫和簡默不

復風塵中人於是乎余益喜鸞幕之相得期望之不愆也尔來二十年翁詩境益老風氣日高今茲辛巳翁齡六秩其三聟某々等相謀梓其近体百二十首爲壽余聞氣溫和者壽言簡默者壽翁之爲人與性情之所發皆足以驗其壽兆則三聟之斯舉可謂有以也題以漁唱者蓋不忘其本也

偶題

南昌暇日拂塵床哦句啜茶坐夕陽世事飽嘗貧有味
机心已息拙何妨江山幽夢家千里風月閑懷詩一囊

隨分自知多適意向人不復說窮忙

送齋藤士訓之丹後

宦遊何用嘆萍蹤只恨名區不易逢我老進趨心已懶
知君跋涉興方濃秋高丹海千重浪月度天橋十里松
暇日吟遊幸相憶八行莫惜鯉魚封

春日即事

簾纖小雨欲崇朝土潤春園宜下鍫山童豫作霜秋計
矯竹籬邊種菊苗

夏日睡起

獨臥繩床睡味長醒來殘日下西墻門前時有賣虫過
一檐秋声報晚凉

題鳴門主簿小院有序

主簿年未六十白髮滿鬢内子少而有容止夫妾
和諧甚相愛狎

小園花媚鳥聲融鈴索不摇淡淡風簾裡春情誰畫得
海棠枝上白頭翁

江雲閣咏崎嶴名妓色藝兼全者作竹枝詞十餘章
譯監陳煥章手錄以示余吟誦之間覺麗情艷態

窕然溢於紙表而芸閣流風逸韻亦可想見也戲作二絕句同煥章寄之博其一粲

曾讀楓江本事詩今傳瓊浦竹枝詞文通情致尤堪想花月樓頭賦別時芸閣往有別花月樓女校書袖笑詩

錦箋重疊寫春容品柳評梅意轉濃一朵名花袖中笑薰肌香氣惱吳儂

晚歸迴文

西林竹寺遠鐘微漠漠秋烟孤鳥飛淒颯晚風攜袖滿溪東步月曳筇歸

吾妻鏡補卷二十四

吳江翁廣平海琛纂

藝文志

書目中華之書佚於日本校刊者亦列焉

萬葉集 大長二年

養老令 文武天皇大觀某年

風土記 阿閉天皇和銅五年撰至醍醐天皇延長六年成凡二百十七年

撰律令 元正天皇養老二年

日本記 元正天皇養老四年

太平記 聖武天皇天平四年

續日本記　桓武天皇延曆十六年

古語拾遺　平城天皇大同三年

秘府畧　淳和天皇天長八年

令義解　淳和天皇天長十年

日本後紀　仁明天皇承和八年年代擥要又有貞觀五

貞觀格　清和天皇貞觀十二年

類聚國史　宇多天皇寬平四年

三代實錄　醍醐天皇昌泰三年

撰古今　醍醐天皇延喜五年

延喜格式醍醐天皇延長五年六十二卷

後撰集村上天皇天暦五年

續古今龜山院天皇文永二年

續拾遺後宇多天皇建治三年

新後撰後三條天皇嘉元元年

續千載集後醍醐天皇元慶元年

元亨釋書後醍醐天皇正中二年

續後拾遺後醍醐天皇正中二年

風雅集光明天皇貞和元年

貞和集 光明天皇貞和三年

新千載集 後光嚴天皇延文四年

新拾遺 後光嚴天皇永德二年

新後拾遺 後圓融天皇永德二年

新續古今 後花園天皇永享十年

吾妻鏡 五十二卷亦名東鑑無撰人姓氏所紀事當宋孝宗至度宗時明曆中其國後陽城天皇慶長十年永光序之天啟中其國後水尾天皇寬永三年刊成

諸家系圖 明正天皇寬永二十年

本朝通鑑 靈元天皇寬文十年

七經孟子考文補遺 二百六卷 中御門天皇享保十一年

謹按

欽定四庫全書簡明目錄載舊本題西條掌書記山井

鼎撰東都講官物觀補遺蓋日本書也其書成于

康熙七年以中國所刊諸本與其國古本參校頗

爲詳

備

合類節用集大全 靈元天皇貞享二年錢大昕日記鈔

日本國人所刊合類節用大全一本

蓋其國訓蒙書後題貞享二年乙丑即明嘉靖四

十四年廣平按貞享二年乃康熙二十四年錢誤

重刻古文孝經 中御門天皇享保十六年

謹按

欽定四庫全書簡明目錄載舊本題漢孔安國撰日本

信陽太宰純音出自歙縣鮑氏云得於市舶今以

日本所刻七經孟子考文證之彼國亦以是書爲

爲本好奇者誤信之也今從于夏易傳之例不發其書庋言古人者有以考其真贋焉

古梅園續墨譜　松井元泰著　櫻町天皇寬保元年

附錄古梅園編錄書目

名墨新詠　二冊　豐香山題咏

扎瓦了詠　一冊　同誹諧之吟

古梅園墨淡　一冊

墨圃瓊甤　一冊

東安詩稿　一冊

大墨鴻壺集　一冊唐人贈詩

古梅園墨譜

何宴論語集解

按錢遵王讀書敏求記云此書乃遼海蕭道公諱應宮監軍朝鮮時所得以重價購之筆墨奇古如六朝初唐人隸書碑版居然東國舊鈔行間所注字中華罕有識者洵爲書庫中奇本末兩行去世浦道祐居士重新命上鏤梓正平甲辰五月吉謹識未知正平朝鮮何時年號余考日本年號箋此是日本國劉豫南朝年號其紀甲辰是正平十九年當日本後光嚴天皇貞治三年中國元順宗至正廿四年也蓋此書朝鮮得自日本日本吾妻鏡年號至南宋止至鍾廣漢紀元考僅記日本之號不附載南朝之號年號箋載之甚詳而出於嘉慶年間遵王不及見也故以爲朝鮮本也夫海外之書槩不寓本所見亦有雖十種雖格式各國不同若行間有法字則日本所獨也朱竹垞跋吾妻鏡

所謂注倭訓於旁譯之不易是也此書今爲蘇州
主事黄丕烈所得旋歸常熟張月霄月霄刻藏書
目録即以
此跋附焉

皇侃論語義疏 桃園天皇寛延三年

謹按
欽定四庫全書簡明目録載論語義疏十卷魏何晏等
注梁皇侃疏自南宋後其書久佚此本得於東洋
市舶猶唐以來相傳舊笈經文注文多與今本不
同雖短長互見頗足以資考證侃疏即邢疏之藍
本然猶存古義寔勝邢疏

校刊羣書治要 現在天皇天明七年

全唐詩逸三卷 上毛河世寧纂 現在天皇天明八年

重刊鄭注孝經 現在天皇寛政六年

嘉定錢同人重刊本序曰此本與經典釋文孝經正義所述鄭注大半皆合初疑彼國稍知經學者抄撮而成繼細讀之如孝治章以昔訓古見公羊傳疏聘問天子無恙諸語見太平御覽聖治章上帝者天之別名見續漢書祭祀志注南齊書禮志俱釋文正義所未引而此本秩然其載恐非作偽者所能出也新川挺之後跋稱鄭注羣書治要所載攷羣書治要五十卷唐魏鄭公撰其書久佚僅見日本天明七年刻本前列表文亦有挺之題銜則此書即真校勘時所錄家單行者宋史載奝然浮海而至獻鄭注孝經刻于京口學宮南宋初猶有板本自是以後著錄家無道及者蓋當時漢學已廢雖得鄭注不加寶貴尋復散佚奝然獻書至今且八百六十年沉淪祕笈一旦發其光于鯨波蛟室之中苟非神物之呵護有靈而能至是乎若挺之者其亦深足嘉矣

佚存叢書 天瀑山人輯現在天皇寬政十一年著述姓氏詳文類

第一帙　古文孝經孔傳　五行大義

臣軌　樂書要錄

兩京新記　李嶠雜咏

第二帙　文館詞林　感興詩注

泰軒易傳　左氏蒙求

第三帙　唐才子傳　難經集注

第四帙　古本蒙求　玉堂類稿

第五帙　周易新講義

南遊捆載錄　熊版秀輯現在天皇享和元年

戊亥遊囊

附録台州先生正心塾著述書目十五種

校正西遊紀行 二冊與下四種俱東都崇文堂版

西遊記行别録 五冊

校正永慕編 一冊

東輿名區信達歌 三冊

白雲館文罫 一冊

含錫紀事 一冊東都有恭閣刊行

白雲館詩式 一冊與下三種俱名護國風月堂刊行

白雲館詩賬一冊

律詩天賬一冊

文章緒論一冊

永慕後嗣出二冊與下三種俱熊阪盤谷先生輯俱詞

西遊別錄考證二冊

遊相志一冊

遊相吟稿二冊

青葱編一冊岡部豹輔輯嗣出

逢稿詩集西川湖著現在天皇文化八年

年號箋現在天皇享和二年

以上諸書俱有歲序可考而其無歲月者列後

古事記

皇仁正統記

宏仁式

秘府畧

玉葉集

萬葉集

日本後記

續日本後記
本朝通記
類聚國史
前太平記
後太平記
東國太平記
西國太平記
北國太平記
甲陽軍鑑

信長記

右二十六種見和漢年代擊要

文鏡秘府論 釋空海撰

日本詩紀五十卷 上毛河世寧纂

日本高僧傳

日本受領之事一卷 錢曾讀書敏求記受領者受領天朝之賜予也字形奇詭是彼國人所書裝潢紙墨咸與中華異而實備於中華行間復以日本字注其旁不可辨識亦書案間一奇物也

奧州志

辨名上下二卷 物茂卿撰

袖珍版 無撰述人姓名其世系與他書同繪畫甚精妙
所紀風俗土產甚畧其人物畧見一二

日本小志 鮑廷博所藏其地理繪畫甚精細以紅綠套
板印色

仙臺國記畧 寫本僅十餘頁其世系亦與他書同他書
國王稱天皇此則稱帝其餘畧載官制又
引奧州志記徐福事並咏徐福詩與雜詩數首

論語徵 物茂卿撰

上池秘錄 西川翔撰

吾妻鏡補 卷二十四

海上絲綢之路基本文獻叢書

吾妻鏡補卷二十五

吳江翁廣平海琛纂

國書本日本夷譯語四十八字

い　い　一

凡声之近似者不論平上去入皆通用如衣倚裔意系已迤彤憶噫喑一之類皆從以字推之餘倣此每字約有二體

六　六　六　發　以　沱　江

波　呵　瓌　八　非　八　乙　池　之

如　知　如　以　水　以　奴　奴　奴

乃　魯　乃　古　呼　热　汸　圭　如

偕加 學 大雖 素

里 蘇 之 你

奶 喇 蠟 嫣 木

何 俞移 那 可

委 枯 之 呼下 也

麼麥 其 什 夫

柯 乙 挨阿 馬

殺 起 出 得

女 五 米 奈 乙 西 乙

加 越 点 几 母 几 奢 止

思 尼 册 魚 京 京 如 上

國書本海外奇談

福 木 復 毛 木 也 毛 卜 毛 之 可

乎 阿 何 八 兵 三 尼 三 夫 亍 鉄

法 少 義 切 連 進 方 華 咪

穎 霞 他 水 力 宜 乃

麻 莫 入 筝 也 夜 也 叶 乞 安 下

壱豈　中欲　為希　珍貴　由天　不寸

苛士　以利　几而　示屋　以得　力摘

ヨ下　ヒ勤　ハ粟　以此　多滔　十索

乃喇　ム撲　山禾　井伊　ア河　廾殺

戈氣　ヌ滅　乙亦　匕希　工哭　工決

乙右

吾妻鏡補卷二十六

吳江翁廣平　海琛纂

國語解本海外奇談一

天文時令類

天天道　晴天几要加　日烏非倭子山馬

日晒忽迷　日食業叔古　月姿基

月食括叔古　星大四山馬　風措時

雲孔木瑣婆儒日　霜失水　露姿由

雷措米那立　電衣那司馬　雨揩米夫維

雪又其　甲岂拿一　乙岂拿多

丙吁拿一　丁吁拿多　戊子岂拿一

己子岂拿多　庚揩拿一　辛揩拿多

壬覓子拿一　癸覓子拿多　子田士米

丑何四　寅拖辣　卯土迷迷

辰太子　巳何辣　午姗姗

未羊其　申要而　酉拖里

戌應納　亥安步婆達　東非火施

西覓那達　南宜施　北乞搭

春花羅　夏哂子　秋倭其

冬夫分　元旦褁日子　元宵健來

清明失古　端午湯織　七夕式之式几

中秋梅及子　重陽可日子　舊年巧年

今年可年　明年妙年　正月小刮子

二月二刮子　三月三迷刮子　四月霞刮子

五月一茲刮子　六月爲刮子　七月式之刮子妙那刮子

八月雅刮子駱出刮子　九月可匕娜刮子　十月拕刮子

十一月壽一刮子　十二月壽二刮子　閏年烏六子年

閏月烏六千几　月大哭奴之几少　出月哦式之几

初一次以甲子之打之　初二佛子甲　初三米甲

初四霞甲　初五滋甲　初六馬甲

初七奶吶甲　初八雅　初九可匕娜甲

初十妥甲　二十化之甲　三十覓妥甲

前日要古匕子　昨日吁那榮别　今日可日子

明日奶日子　後日擱過日子　今日好日可日子擱介

今日不好可日子娃介　昨夜前夜　早起占徹

朝烏邱　晝受朋　日中非六

天晩非塔谷里馬式　今晩空番

地理類

地治雷塔　山雅馬　島失馬

石衣式　川楷空　河畫

水迷士　氷狭来里　潮滿失活捺迷一塔

潮退失活捺非塔　田塔　町馬之

街拔ヒ　路覓止　橋

屋希雅　長崎南加沙几

身體類

三

人 侊
頭 阿達毛
癩痢頭 蟹其

剃頭 揩寮蘇羅
髮 揩面
面 面匕

麻臉 面面破羅
會面 面毵子
眉毛 眉其

眼睛 木
耳 木匕
聾子 存朋

瞎子 瞽辣
鼻 哈乃
口 可子

牙 谿㐌
舌 色當
喉 奴獨

鬚 勛其
頸 可皮
身 五底

身體 峨太
洗 由滑皮
臂 吳蝶

手 帖
搓手 帖司六
拍手 帖爲篤

拈手 棽業古　指 衣皮　爪 子米

背 式那甲　擦 式那甲可六　心 可〻落

用心 人神　實心 座式娃　小心 可〻奴偏 司該

無心人 夫几里揉 非多　沒良心 徒學戈捺　胸 木你

乳 之之　肚 花拉　肝 哈拉究搭

胆大 代丹 溪蒙勿多一　胆小 溪蒙何所一　腰 蘭妥

伸腰 奴薄　卵 馬蘭　卵袋 今搭姍

毯 子皮　屁 婆〻　小屁 迷〻受

臂 失里　大腿 木木奴婆拉　膝 脚閘

小腿 婆多胃你　脚 挨滕　伸脚 下式奴薄

皮膚 非夫受　毛 結　肉 呼之

筋 四池　血 出此之　氣

動氣 氣花拉容枯深力大代力氣　出力 式達酥

費力 升徒那　淚 那苦　涕 法那一六

哭 那谷　笑 挨拉五　饞嗞 雖白其

痰 淡　大便 大便一過　小便 小便一過

屁 非夫羅　汗 阿氏　汗出 阿氏哭雖

形容 拉執　影 容及　美貌 也來匕

醜貌 業衣業古　標緻 木也子　清秀 氣力見那客烏

齊整 覓背多　風流 梯撒　醜陋 米吾司六

胖 谷一搭　壯 魁答阿丕　瘦 也庚亞式答

老 老拚烏司學里　後生 年紀消蓋　性命

人物類

男 倭多古　女 倭雞古　君子 梲式

小人 沙人　善人 搖介俔　惡人 阿蠱俔

獃子 阿大　無情人 那撒几那衣　淨頭 約古太衣那施

聰明 中辂之　伶俐 立可捺　誠實 目之那

刻薄　䓗約古納　忠直　麥可古那　忠學也非多

正經六　搭〻司一非　大量　哭〻奴福的　家主　談〻動

堂客　烏揩　長輩　挨那搭　平輩　紅毛瑶

祖　直壽山　祖母　排〻山　父　駝〻山

令尊　屋也治山烏　母　揩〻山　乾娘　約式那客

伯叔　文聚山　夫　丁頂山　新郎　花那木古同

妻　烏甲山　新娘　妾　貼容

兄　白布山　嫂　育名果　弟　烏多〻

姨　矮寧山　妹　梅　姊妹人　挨宜木古

兒 木士哥　女 木士木　乾兒 約式及戈

壻 木戈同　孫 有遂受　外孫 麻姑受

丈人丈母　舅娘 舅山　客人 却笑人

媒人 欲檢台式　夥計 那加馬　幫閑 太衣古馬積

小廁 沙婆羅　使女 哭式木獨　戲小旦 華蓋施

皇帝 欽立山馬　做官的 代一妙　讀書 揩谷蒙司 六非多

醫生 一譲同　和尚 蓬山　道士 揩納司

尼姑 北立尼　烏龜 乳㕘華洞　老鴇 雅林丁

婊子 大有受六施　好婊 式馬拔拉 哦受　婊子使 揩婆羅

大頭目 孑見式 壽公山　小頭目 屋戈迭失 年行司 年求

高木公 撒戈夜門　街官 馬多那　街財副 可宜夾宜 拉

通事 知自　夫頭 非王夾失拉 希遊夾施　守番 吸雅子儿

搜子 殺戈利　唐人 掩人　船主 仙節山

乞丐 下毛婆式同　賊 魚四多　王家 首麻山

財副 才副山 客山子儿　總管 沙代 總管山　夥長 大焦山

舵工 代工山　管公俑 揩其　總捕 花焦山

小工俑 晒婆羅同　尊儛 馬斯　別人 別志人

我 娃搭古施　你 紅毛溪　他 挨拿勿多

禽獸蟲魚類

鳥 禿力　蛋 大麥古　鳳 付翁
鶴 子羅　鴿 僉　鷹 委皮
鵝 額　鴨 挨非羅　鷄 妥里
龍 太子　魚 游河　魚 烘尼
魚翅 非力　魚膠 義皮　魚子 覓拉四覓
小魚 由滑施　鮮肉魚 河薄之奴由　墨魚 空婆由河
鯽魚 福那　金鯽魚 金翅　銀魚 古翅
帶魚 搭子由河　甲魚 茄迷　庵魚 挨河皮

夏子魚夏子河　比目魚客利由河　金線魚一篤那李

鍋蓋魚燕皮由河　馬交魚河奴拉式由　鯀魚乾司助米

蝦一別　小蝦司一別　龍蝦一別茄尼

蟹茄見其　蟹茄見　海鰻烏乃其

溪鰻烏拉其　小蛤羊加麥施　大花蛤法麥哦里

海蟄可拉其　海參一力古　活海參拖白拉古

海鰦月酥　虎吐拉　獅式式

象俗　象牙俗及　鹿客奴司匕

馬唔馬　狐狸去匕你　猪以几毋搭

肉蒲達　羊雅几　猫蛾戈

犬困戈　鼠尾去木田士米　牛角受揩戈

犀角凼子收奴　皮揩華　雌見

雄沃

花木類

花花納　蕊子箔皮　心花納奴心

蒂闹　葉法　梗一達

枝額手　根葉　蘭郎奴

菊吉匕奴　梅呅梅　桃木匕

桂木古式　牡丹蒲丹奴　山茶之扳其
海棠收該多　杜鵑沙之其　石榴着六戈
芍藥剌戈納戈　櫻桃剌多拉　芙蓉付五
梔子潤子那式　鷄冠吉于多石　山丹非又力
荷花谿式郎花納　茉莉古戈利吉　棠棣下馬
薔薇來皮　玉簪闌　鳳仙之麥派
水仙亞沃子　罌粟吉式　百合又吉花納奴
洛陽大者吉之古　紫藤付加奴　繡球帖馬
瑞香林竹　錦葵哭阿沃　六月雪慢蹤式

剪春羅荅迭式古　剪秋羅掩皮　秋海棠收該多

虞美人别人迭　菓子卦司　梨乃式

柿揩其　橘谿甘　桃子木匕司其

百合人里　草可利　菖蒲式蒲

芭蕉百雀一　美人蕉該右岅　木儿古

紫檀式檀　烏木酥薄古　蘇木酥烏

竹太吉　竹管可搭儿　筍太吉奴吉

食物類

菜菜人辣　青菜那介辣　紫菜阿麥那里

紅菜 托辣堆　莧 非那　芹 失里

韭 尼拉　蒜 牛河　葱 勿多禹六

薑 速茄　蘿蔔 代工　芋 芳應木

茄子 那孑　米 可米　糯米 太孑可米

飯 哂米含　吃米 禹　粥 開

麵 天奴那一河　乾麵 麥其式　切麵 吉豆麥其

粽子 孑麥其　糕 施木子　糕餅 伏施

饅頭 饅首　小菜 阿它　送菜 米芥辣勝受

羊眼豆 伏水麻迷大間　砂仁 式古沙

芥辣 芥辣式　油 挨蒲拉　麻油 可麻挨蒲拉

醬 米酥　醬 酥油　鹽 昔和

糖 沙僖　冰糖 古力雛　酒 節儿

酒糟 節儿奴乃ㄴ　醋 次　茶 查

茶葉 查心　湯 由　烟 太白戈

藥 苦式立　茯苓 瀞古流　石羔 式戈

雄黄 烏翁　硃砂 性相　味 盛治外

甜 盛梅　酸 思以　苦 尼衣子

辣 楷米　鹹 式解楷米　澀 式皮

國語解二

衣服類

帽子巾 僕式　領 以里　衣 起立爲

縫衣 其蒙　外套 花吳力　帶 色几爲華水

腰帶 爲皮　褲 花交爲　鞋 千金踏

被 惱適　褥 玉其　帳 揩牙

袱 非拉一搭　色袱 虛拉矢几　花綾 木吉綾子

羅 六　素緞 木郎　紗 剎

綿紗 即多綿　大綿紗 爲則立綿　中綿紗 周前立綿

小綿紗可則立綿綿綢知毋其　大花緞紗烏拔皮刹
彩綢色司　褐子法子　布木棉
夏布奴〻　線一多　毡毯麻先
綵雪立一多　好花樣遥介花奴色一六
色線一六一多　鑲邊木〻夾逊搭大花烏拔那
綢花可拔那　紅綿紗非則六綿奴印士几哇
青哈那　黄和二　紅亞該
白雪白　黑哭六格　藍法那
綠木遥奇　紫木蘭篩儿　月白米士

魚白下剥其 茶葉色查亦緑 醬色客扳
栗色哭力 粉紅部見 庫灰原士米
松花色賀蘭茶 真大紅木米

房屋類

房屋希雅 樓宜閒 閣用苑戈
門安 後門烏闌夢 紙窗舍是
對門木皆衣 間壁吐及衣 會館那格節几伏子
染坊速由 寺稚拉 唐人公館安人神式吉寄前時
公堂上去子穿非雅一過 街官房倭可納別雅 街官上去烏茈羅

庫可拉木尼　開庫可拉阿九　賃庫新地

轎房鉛谷

船中器用類

船夫尼　修船夫尼修理　放船夫納五言

上船夫尼收奴　下船失班　過船平過子

小駮船宜希戈几失　艙戈烏里　桅法司拉

篷福　舵容是　椗以揩宜

起椗以揩宜烏起椗以揩宜之捺住索之納

纜之納　櫓六　搖櫓六爲連

旗花塔　鏌躋碎一枝梅　餘利科炭

金斥一枝梅　小秤尺吉里　戥子谿夾里

大秤金條　升土參司　稱秤揩立

斗五司馬　算盤酥羅盤　尺木奴撤式

尺長谿戈难盞　合賬盎子分達　賬照面

對賬查一求　錢傅　貨冊式六木奴

名冊吶爵　簿港冊爵跌多可六　紙揩奁

奏本紙多式　墨足奁　筆敫兑

硯四卓札　水池迷士一方　書鬧麻子

做詩 世之歌六　書筆 諸敘光　湖筆 可受數光
飯盂 米西之其　酒杯 朔古　酒壺 師几瓶
茶壺 查代可　茶盤 茶朋　茶托 查台
大碗 東木里　蓋碗 勿搭茶碗　漆碗 戈吉
銅壺 葯見　筋路施　烟袋 氣施利
烟銅袋 濟古六　烟色 太白戈一力　烟盤 可盤
火 希非　點火 非徒娑娑　烘火 非雜拉六
火盆 非法施　火箄 五可獨　火箸 非法肆
柴 几　火炭 士資　簪 揩米撇式

梳掠 可詩　理梳具 平我里　鏡 揩匕迷

粉 吉式烏　剔牙籤 芝麻下土　鑞 黄蹀揩尼

戒指 由皮揩宜　手巾 天麻匱　扇 華其

團扇 呉遮華　唐扇 多華其　荷包 金雀戈

鈕扣 木那獨米　針 花而其　小刀 可揩答搭

腰刀 可式奴蒙　床 禿古　桌 昔薄古

櫈椅 麓古　衣架 由可　箱 豁古

桶 湯王　大桶 爲吉　小桶 格羅

水盆 法之　浴盆 搭匕乎 浴枚標盆　盤 麓

方盆沃式寵　盒同戈子　斧學几

釘空其　鎖修　燭六速戈

剪燭煤心起力　燭簽速吉台　手照帖速古

燈茶心　燈籠照面　香義古一

芸香別古云　風香香浴手　丁香竹仁

麝香着谷　安息香安浴戈　香爐非一力

花瓶花那伊古　棋戈一同　着象棋禹其利司

琴可托　胡琴可几　弦勺迸先

笛竹葉　鑼拉　鼓太谷

自鳴鐘 禿山　針盤 法力盤　千里鏡 吐美客宜

傘 揩傘　掃帚 了其　貨 宜木了

起貨 義亞戈　出貨 宜空搭施　秤貨 宜木子揩郎

裝貨 阿子郎義木 了　細貨 式六木板　粗貨 阿拉木奴

包頭 孝木奴　裝包頭 漂門徐 子迷　金 可板

銀 揩宜　銅 河該揩宜　裝銅 挨揩匕宜子 覓

鐵 哭六哭揩宜　錫 叫亭　鉛 那馬里

漆 烏司六　水銀 氏士揩　氷 庄流奴

綠礬 大吉引　明礬 苗引　黄蠟 去六

磁器 以馬力木奴

数目類

数目 鉛攸 一 勿多 二 勿打子

三 米子 四 霞子 五 一茲子

六 目子 七 那捺子 八 雅子

九 可〻戳子 十 妥 十一 壽一枝

十二 壽二 十三 百 謎戈

千 先 萬 滿 一錢 一枝馬迷

一兩 壽馬迷 十兩 謎馬迷 百兩 一貫目

千兩壽貫目　萬兩謹貫目

人事類

王取烏禿秀那夷　丢票福一擲答　講價業

除色付達非古　行情酥坂　折本貭手

喜歡霞六戈蒲　快暢去皮奴要夾　快活哭匕六郁衣

恕衣詞甲　厭羊街馬施　可思義戈約子

可憐挨哇力那　可惜烏思員獨　愛惜見酥街

怕烏篤落思　怕羞不獨法宜手　怕癢六可酥极一空

怕痛一得交宜馬　怕冷殺木殺及几　高興一殺麻馬思

不高興先一殺麻烏　活于乞塔　痛一塔甲

疲倦一塔別力塔　辛苦申徒手　醉有拉

吃迷息　臍鈕　同睡仂多于宜塔

正好睡　瞌睡米木花蒲羅由　起來烏郝

靠搭ㄈ羅　杌坐可式偕儿　泜坐矣徒羅

站起搭施　立塔多　出送拉

入一六　來三一木施　去一過

聽乞枯　喝烏搭　吽遜步

教烏酥有　搖擺又六可　取笑阿里谷多

說話 畫那酥	假話 式拉谷多	鬼話 油酥消施
吽下人 可拉	商議 沙渎手	替代 妙代
罵 朌羅	罵人 不殺火一 可你子	相罵 可弄
囉唣 亞麥羅	戲謔 法拉古里	竊 揩吖
抄 殺古六	稱 揩郎	量 料見
點 烏木力塔	算 三扭手	除 非古
我 蒲力	扯 非戈 之六	增 麥酥
添 速由	總結 武見	共計 說麥的
揀出 一六法達	分開 乞吉殺匕里	抽分 謙成

做安排手之古六　縫阿及塔　樹谿六
磨痛古　修逺古烏　補搭式
洗亞拉馮　洗浴由消皮　刮洗覔措戈
燂洗塔迭馮思六　揩抹䐬戈匕　拂化匕戈
捲参古　包姿子木　捆苦皮羅
先裝殺几子木　後裝阿多宜子木　裝進一淄
倒出達酥　扎縶乞了料　掛他那
閑息戈　閑阿久　摸殺思六
擅素子木姿古　播客可　挖殺思可六

推 娑古　敲 搭〻戈　打 雅麻子

抛 一溜　摟 抱衣達衣嫣〻 哭忽衣　才 殺儿

拏 木的　拏 拖羅　搶 哭殺古拖羅

買 揩和　不賣 和郎咼肩　賣 和羅

遂 木獨酥　偷 拖㤎　落 福落

受 中受　不受 中受以覽　交 付兇達酥

相幫 賓已失　寄 音之儿　托 捐鳥

效勞 揩光　照管 見之石大娃 殺的　作弄 納布衣

頑耍 阿酥蒲　遥浪 阿里已石六　記念 哭〻六宜揩 〻耳

相好 年科羅　動 翁戈得　靜 身子夾宜

騃的 之麥六　散 赤塔　能 那羅

不能 那藍　輸 馬去塔　贏 揩那

熱鬧 和木式里　冷靜 節皮里　殺手

常 碎匕　是 玉水 節遥 捨里　不是 唤

公 夂步　私 客古酥　非補 介馬失搭

邪 節吉失馬　均平 標施　糊塗 拉之木宜

差錯 奈街河　不差 奈介河那个在行乍士

明白 提之阿一名

俗語類

一色的　非多一六　兩樣的　勿搭一六　不來　空甲

那里來　徒几山一木施　回去　模徒羅　再過去　麥搭一戈

別處去　別子一過　你往那里去　獨似一過　不做聲　大麥多里

不理　抗木拉　不理他　烏里宜抗本烏搭　不理我　烏宜里抗木戶捺

裝得重　天宜阿思六　裝不得了　姿那蘭　堆起來　姿木

放好了　烏谷　賣　沃羅馬收　賣我　沃六馬思

借他的　客六　借與人　客酥　遝了我　木独殺上里

送你聖壽　麥收　奉送聖壽萬里　得罪　不遮哇笛戈山衣

待慢不招呼　恭喜爺的多　多謝甲搭庶吉奴
久仰甲子馬失搭久違殺手引島　暫別一殺多
認得覓失里馬失搭我記得馬蒲一馬失搭　不要忘了歪思榔意藍
忘記了歪思榔　知道甲點　不知甲的那街
要沃西　歡喜　不要意懶　不用意藍奴多古
要緊歪由　忙得緊一宗揩式偶然搭麥
有趣忘失宜　無趣和木失力那搭公道阿力的馬思
不公道馬郝戈　周到胡失周　不周到不周胡
豈有此理爻冰子這邊哭戈哭之　這里哭里

那邊 挨之　那里 挨里　那一個 代而拉

那道理 那挨搭兒為甚麼 那式　甚麼東西 宜可力那

不敢當 可里哇　快須 谿由　慢須 慢達酥六

隨便 徒難多　已過 遜談　當真 欠步

了不得 他馬拉　散了 殺郎洪　請了 義戈中里

完了 勢馬河　是了 一夾宜水　罷了 木要夾

通用類

上河一　下式搭　前麥一

後怒執河六式　左非搭　右米其

前面倭木的　後面倭拉　中周

中間士那夾　四角四米　裡河拉

外忽夾　蓋福塔　底寮

層一之談　格一之間　圈宅

有挨羅　無那格　多惝山一見古 多爲夾

少挤多 菢戈那格　重翁婆皮　輕揩拉夾

大福的　小挤碎可　長那千

短米十夾　粗阿米　細科賫

濶非里　狹失倍　厚河子表

瀞 河四加　稀 忠一格　蜜 子麥格音客
軟 那衣搭　硬 昔戈搭　乾 客拉皮搭
濕 奴力奴 奴乃奴　燥 非搭　潤 式多搭
濃 可以　淡 河西　深 滑盞
淺 益思　止多 真 索人　假 義失
鬆 又六速　緊 失麥搭　亮 阿失力 郁阿儿
暗 哭力　熟 押挢 捐山押挢　次 篩皮
遠 拖格　近 即格　浮 沃吉婆
沉 武士木　吉 乞式木　凶 阿式

新挨搭拉式　舊福力　貴搘該

賤夜酥　横豎塔周　半立逢

全明南　正麥殺式　斜客拉木式

高挨夾　低希夾　矮希加

彎麥格六以額　直麥可古那　曲麥格搭

方見搭那　圓麥里　扁非力子

尖通格搭　清寄由　穿邱

破約蒲力搭　碎烏之壞六　爛可殺搭

臭哭聰　斷烏里烏失搭　乱見搭榔

滿一杯阿六　剩付一多失搭　好搖介

不好娃里　潔淨乞力奴　齷齪乞殺乃

有餘阿馬宜　不足搭泥　希罕迷士辣式

如今以袜　將來慢達　少頃迷六迷六

過後哭那拉擠　先殺吉　又麥搭

連士一搭　起郎里夾搭　末四一

國語解本日本纂參海防類考

州名島名類

山城羊馬失羅　筑前戚骨前　肥後非各

太和野馬多　筑前職骨匚　伊賀衣加

河内苟懷志　豐前孛前　伊勢衣舍

和泉因子米　豐後蓬哥　尾張倭阿里

攝津子努因依　肥前非前　日向光加

三河述苟懷　遠江　紀伊乞奴苦藝

大隅阿思米　薩摩撒子馬　上總苟迷倭撒

淡路山奴計　阿波挨懷齊　下總什麼倭撒

駿河　諸者　志摩

伊豆因慈　伊豫　常陸

甲裴 呱怡苦蓺　在佐 拖撒丨　若佐 壞豕栅

相摩　山口 周防 羊馬窟諸郎　安藝 阿計

武藏 木撒署　美作 迷馬撒家　備中 避畫

安房 阿空　備前 避然　備後 避臥

越前 日智前　美濃 米奴　但馬 噠什麼

越中 日畫　飛彈 非大智　因幡 奚奴臼

越後 日清谷　信濃 中阿濃　伯耆 花計

攝摩 法里馬　上野 康子計　出雲 因字木

長門 奴茄多　下野 什麼子計　石見

加賀坑茄　陸奧話収　隱岐和計
能登奴朵　出羽迷外　伊岐尼計
佐渡沙度　丹渡丹田　對馬島則什麼
近江多島米　丹後丹哥　多藝
五島我什麼　男島賀什麼　竹島他計什麼
宮島迷挨什麼　女島　三島密什麼
小島科什麼　種島他尼什麼　佐加關
連島卒賴什麼　博多花哈嗒　平戶
長崎町名　本東洋客遊畧

大村町旺毵喇馬市翁波喇馬市

船津町逢納諾馬市

江戶町移多馬市

新町新馬市

東築町興加亦子其馬市

本下町本独失達馬市

金町意馬匕市

豐後町彷高馬市

椛島町股扳成抹馬市

內中町搽之那加馬市

鴻源町失馬色喇馬市

小川町科股㖃馬市

浦五島町武喇五島馬市

西築町送亦子其馬市

今下町意馬失搭馬市

平戶町許談徒馬市

外浦町忽加武喇馬市

櫻町殺張喇照馬市

本博多町市本独百家打馬　引地町畜其住馬市

新興若町新柯前馬市　後興若町高失勞柯馬市

本興善町豊柯前馬市　本五島町豊五島馬市

金屋町坎那耶馬市

右内二十六條街

東濱之町市興加亦花貓馬　西濱之町送亦花貓那馬市

東古川町派興加亦胡盧胶　西古川町送亦胡盧水馬市

東上町興加亦島哇馬市　西上町送亦島哇馬市

東中町興加亦那加馬市　西中町送亦那加馬市

中紺屋町邪加昆耶馬市　本紺屋町木独昆耶馬市

今紺屋町意馬昆耶馬市　本古川町木独胡盧吥馬市

今石灰町意馬胺子耶馬市　本石灰町木独失歸馬市

新石灰町新失歸馬市　擾津町移馬金然馬市

今煅冶屋町意馬胺子耶馬市　鉄冶屋町帝其胺之耶馬市

本龍町木独坑柯馬市　船大工町乎尼帝杠馬市

本大工町木独帝杠馬市　出來大工町帝其帝杠馬市

新大工町新帝杠馬市　舵工町帝杠馬市

酒屋町沙其移馬市　銀屋町金移馬市

桶屋町倭其耶馬市　油屋町安鐃喇馬市

萬屋町移窂諸耶馬市　磨屋町適其移馬市

本治屋町木独欣珈耶馬市　大黒町大哭金馬市

諏訪町思安州馬市　新橋町新法本馬市

今博多町意百馬多百家馬市　村木町村木工馬市

出島町帝城麻馬市　惠美酒町烟彼詞馬市

袋町佛泒盧馬市

右外三十九條街

金魚町意馬遊河馬市　爐糟町盧欣思馬市

衣裝町衣示馬市　八百屋町押倭那馬市
大井手町倭其蹄馬市　本紙屋町木独朘眉那馬市
麺屋町柯手那馬市　勝山町哈之那馬市
今籠町葸馬坑柯馬市　八幡町押冰打馬市
南馬町眉那眉休馬市　北馬町起打丕馬市
上築後町坎眉即工柯馬市　下築後町温毛即工柯馬市
右町胡盧馬市

右鄉下十五條街

奇合町新卅馬市　附町三卅馬市

九山町麻里野山馬市半庄町肷達皮喇馬市

吾學録初編　卷二十六

吾妻鏡補卷二十七

吳江翁廣平海琛纂

兵事

平秀吉者薩摩州人之奴以販魚醉卧樹下適值關白出獵關白倭爵之最顯者也時山城州渠信長爲此職執而詰之秀吉雄健驕捷有口辨信長悅之令收爲後漸用事爲信長畫策奪并二十餘州遂爲攝津鎮守大將有參謀阿奇木支得罪信長命秀吉統兵討之俄信長爲其下 明智所弑秀吉方攻滅阿奇木支聞變興部

將行長等乘勝遂兵誅之威名益震尋發信長三子僭稱關白盡有其衆時萬曆十四年於是益治兵而征服六十六州設二關東曰相板西曰赤門各有船艘數千又以威脅琉球呂宋暹邏佛郎机諸國皆使奉貢乃發倭王山城君改國王所居山城爲大閣自號大閣王廣築城郭建宫殿其樓閣有至九層者裝黄金下濶睡房百餘間選美女珍寶其中嘗東西遊卧令人不法其用法嚴軍行有進無退違者雖子壻必誅以故所向無敵乃改元文禄後復僭稱帝並欲侵中國滅朝鮮而有之

台闕故時汪直遺黨知唐人畏倭如虎氣益驕益浩大甲兵繕舟艦與下謀入中國用朝鮮人爲導慮其琉球洩其情使毋入貢同安人陳甲者商於琉球懼其爲中國害也與琉球長史鄭迴謀因進貢請封之使具以其情告來又旋故鄉陳其事於巡撫趙參魯參魯聞以下兵部移咨朝鮮王王但深辨嚮導之誣亦不自知其謀已也初秀吉廣徵諸鎮兵儲三歲粮欲自將以犯中國會其子死旁無兄弟前奪豐後島主妻爲妾慮其爲患而諸鎮怨秀吉之虐已也咸曰此舉非侵大唐乃襲我

耳各懷異志由是秀吉不敢親行十九年十一月朝鮮
國王李昖奏倭酋關白平秀吉声言明年来犯詔兵部
申飭海防朝鮮與日本對馬島相望時有倭夷往來互
市二十年五月秀吉分遣其將正行長義智僧元之蘇
宗逸等將舟師數百艘由對馬島渡海陷朝鮮之釜山
鎮乘勝長驅以五月渡臨津掠開城分陷豊德諸郡時
朝鮮承平日久兵不習戰昖又湎酒弛備猝島夷作難
望風皆潰清正等遂逼王京昖棄王城令次子琿攝國
事奔平壤已復奔義州遣使絡繹告急倭遂入王京毀

坟墓执王子王妃剽府庫放兵淫掠追奔至平壤七月
昖出避愛州遊擊史儒等率師至平壤戰死總兵祖承
訓赴援與倭戰於平壤外大敗承訓僅以身免八月中
朝以兵部侍郎宋應昌為經畧都督李如松為提督統
兵討之時倭入豊德諸郡兵部尚書石星計無所出募
能說倭者偵之於是嘉興沈維敬應募維敬者市中無
賴也是時秀吉次對馬島分其將行長等守要害為聲
援維敬至平壤執礼甚卑行長紿曰天朝幸按兵不動
我不久當還以大同江為界平壤以西屬盡朝鮮耳惟

敬以聞廷議倭詐未可信乃趣應昌等進兵而石星頗惑於維敬乃題著遊擊赴軍前且請金行間送之如松麾下明年正月如松督諸將進戰大捷於平壤行長渡大同江遁還龍山所失黃海平安京畿江源四道並復清正等亦遁還王京如松既勝輕騎趣碧蹄館敗而退師駐開城初如松誓師欲斬維敬以參軍李應試言而止至是敗氣縮而應昌急圖成功倭亦乏食有歸志因而封貢之議起應昌得倭報維敬書乃令遊擊周宏謨同維敬往諭倭獻王京返王子如約縱歸倭果於四月

棄王城遁時漢江以南千有餘里朝鮮故土復定兵部言宜令王還國居守我各鎮兵久疲海外以次撤歸爲便詔可應昌疏稱釜山雖瀕海南由朝鮮境有如倭覘我罷兵突入再犯朝鮮不支前功盡棄今擬兵協守爲第一策即議撤宜少需俟倭盡歸量留防戍部議留江浙兵五千分屯要害仍諭昖蒐練軍實毋恃外援已而沈維敬歸自釜山同倭使來請款而倭遂犯咸安晉州逼全羅聲復漢江以南以王京漢江爲界如松計全羅饒沃南原府尤其咽喉乃命李平胡查大受鎮南原祖

承訓李寧移南陽劉綎移陝州已倭果分犯官兵並有斬獲兵科給事中張輔之謂倭聚釜山原佯退誘我撤兵酋漸逞無故請貢非人情今猝犯晉州情形已露宜節制征剿遼東都御史趙燿亦報不可輕受七月倭從釜山移西生浦送回王子陪臣時師久暴露聞撤勢難久留應昌請留劉綎川兵吳惟忠駱尚志等南兵合薊遼兵共萬六千聽綎分佈慶尚之大邱月餉五萬兩資之戶兵二部先是發帑給軍費已累百萬廷臣言虛內寔外非長策請以所留川兵命綎訓練兵餉令本國自

辨於是詔撤維敬等兵止留綎兵防守諭朝鮮世子琿居全慶以顧養謙爲經畧九月朌以三都既復疆域再造上表謝恩然時倭猶據釜山屯石星益一意主款九月兵部主事曾偉芳言倭欵亦去不欵亦去欵亦來不欵亦來蓋関白大衆已遂行長留待知我兵未撤不敢以一矢加遺欲歸報関白捲土重來則風不利正苦冬寒故曰欵亦去不欵亦去沈維敬前倭營講購咸安晋州隨陷而欲待欵冀來年不攻則速之欵者正速之來耳故曰欵亦來不欵亦來宜令朝鮮自爲吊死問孤練

兵積粟以圖自強帝以爲然因勅諭昖者甚至二十二年正月昖遣陪臣金睟等進方物謝恩礼部郎中何喬遠奏睟涕泣言倭寇猖獗朝鮮束手受刃者六萬餘人倭語悖慢無礼沈惟敬與倭交通不云和親輙云乞降臣謹將萬曆十九年中國被掠人許儀所寄内地書倭夾答劉綎書及歷年入寇處置之宜乞特敕急止封貢詔兵部議四月尚寶司卿趙崇善疏言既不主封貢當議戰守朝鮮惟釜山爲倭寇出入之路倭由釜山入王京必經全羅慶尚二道而全慶之間如雲峯大邱皆有

險可據今劉綎戍兵五千再加南兵三千今之訓練以守全慶章下部時言官交章止封遼薊都御史韓取善亦疏倭情未定請罷封貢八月養謙奏講貢之說貢道宜定寧波關白宜封爲日本王諭行長部歸倭盡與封貢如約九月盼請許貢保國帝乃切責羣臣阻撓詔小西飛入朝既至石星優遇如王公小西飛等殊揚揚過闕不下既集諸官面譯以要三事一勒盡歸巢一既封不與貢一誓無犯朝鮮倭俱聽從以聞十二月封議定命臨淮侯李宗城充正使以都指揮楊方亨副之同有

沈維敬往礼部議日本舊有王未知存亡關白或另擬二字或即以所居之島封之行長以下量授指揮銜上不聽竟冊封平秀吉爲日本王給金印行長授都督僉事二十四年正月封使抵釜山而沈維敬詭言演礼同行長先渡海私奉秀吉蟒玉翼善冠及地圖武經又騸壯馬三百至南戈崖佯備騎從實陰献秀吉取阿里馬女與倭合李宗城紈袴子經行之營所在索貨次對馬島太守儀智夜飾美女二三人更番納行帷中宗城安之倭酋数請渡海不允儀智妻行長女也宗城聞其美

并欲搖之儀智怒不許適謝掲梓姪隆與宗城争道宗城欲殺之隆訴其左右以倭將行刺宗城懼棄璽書夜遁比明失路自縊于樹追者解之遂奔慶州方亨聞于朝帝怒逮問宗城議戰守會方亨復揭倭情無變正使自爲奸人誤耳帝乃以方亨充使加維敬神机營衛副之立限渡海九月楊方亨沈維敬奉冊如日本日本人民聞天朝封關白沿路焚香倚迎抵國門其臣下亦無不肅敬而關白平秀吉受詔甚倨怒朝鮮王子不來謝止遣二使奉白上綢爲賀語維敬曰若不思二子三大

臣三都八道悉遵天朝約付還今以卑官微物來賀俾
天朝耶俾小邦耶且留石曼子兵於彼俟天子處分然
後撤還拒朝鮮使不見翌日奉貢遣使齎表文二通隨
冊使渡海至朝鮮議遣使於朝鮮取表文進驗其一謝
恩其一乞天子之處分朝鮮初方亨詭報去年從釜山
渡海倭於大阪受封即回和泉州然責朝鮮二子不往
謝礼又徵仍留釜山如故謝表後時不發方亨徒手歸
至是維敬始投表文案驗潦草前折用豊臣圖書不奉
正朔無人臣礼而寬奠副總兵馬棟報清正搜二百艘

屯机張管方亨始直吐本末委罪維敬并呈石星前後
手書帝大怒命逮石星沈維敬按問以兵部上書邢玠
總督薊遼改麻貴爲備倭大將軍經理朝鮮僉都御史
楊鎬駐天津申警備楊汝南丁應泰贊畫軍前五月玠
至遼行長建樓清正布種島倭窖水索朝鮮地圖玠遂
決意用兵麻貴望鴨綠江東發所統兵僅萬七千人請
濟師玠以朝鮮兵惟閑水戰乃疏請募兵川浙并調薊
遼宣大山陝兵及福建吳淞水兵劉綖督川漢兵聽剿
貴密報倭宣大兵至乘倭未備掩釜山則行清擒清正

走珍以為奇計乃檄楊元屯南原吳惟忠屯忠州六月倭數千艘泊釜山戮朝鮮郡守安宏國已復往來竹島漸逼梁山熊州維敬率營兵二百出入釜山珍陽為慰藉楊元襲執之縛至貴營維敬執而嚮導始絶七月倭奪梁山三浪遂入慶州侵閑山統制元均兵潰遂失閑山閑山島朝鮮西海口右障南原為全羅外藩一失守在沿海無備天津登萊皆可揚帆而至而我水師三千甫抵旅順閑山破經畧檄守王京西之漢江大同江扼倭西下兼防運道八月清正圍南原乘夜猝攻守將

楊元跣足而遁時泉州有陳愚衷忠州有吳惟忠各扼
要而泉州去南原僅百里南原告急愚忠不敢救聞已
破棄城走麻貴遣游擊牛伯英赴援與愚忠合兵屯於
公州倭遂犯全慶逼王京王京爲朝鮮八道之中東隘
爲鳥嶺忠州西隘爲南原全州道相通自二城失東西
皆倭我兵單弱因退守王京依險漢江麻貴請於玠欲
棄王城退守鴨綠江海防使蕭應宮以爲不可自平壤
兼程趨王京止之麻貴發兵守稷山朝鮮亦調都察使
李元翼由鳥嶺出忠清道遮賊鋒玠既身赴王京人心

始定珎台參軍李應試問計應試請問朝廷主畫云何珍曰陽戰陰和陽剿陰撫政府八守密畫無泄也應試曰然則易耳倭叛以處分絶望其不敢殺楊元猶望處分也直使人諭之曰沈維敬不死則退矣因請使李大諫於行長馮仲纓於清正珎從之九月倭使至漢江楊鎬遣張貞明持維敬手書往責其動兵有乖靜俟處分之實行長正成亦尤清正輕舉乃退兆井邑貞明返至中途爲人刺死麻貴遂報青山稷山大捷蕭應宮言倭以維敬手書而退青山稷山並未接戰何得言功珎鎬

鎬怒逆劾應宮恇怯不親解維敬並逮十一月玠徵兵
大集帝發部金鎬軍賜玠尚方劍以御史陳効監其軍
玠大會諸將分三協左李如梅右李芳春中高策並以
副總兵分將經理楊鎬同麻貴率左右協自忠州鳥嶺
向東安趨慶州專攻清正使李大諫遁行長紿勿往援
復遣中協屯宜城東援慶州西扼全羅以餘兵會朝鮮
合營由天安全州南原而下大張旗幟詐攻順天等處
以牽制行長東援十二月會慶州麻貴遣黃應賜賄清
正約和而率大兵奄至其營時倭屯蔚山蔚山之南島

山俱不甚高而城背依山險中一江通釜寨其陸路由彥陽通釜山貴欲專攻蔚山慮釜倭由彥陽來援會中協高重吳惟忠等扼梁山右協董正誼等赴南原張疑兵又遣右協羅繼忠兵二千屯西江口防水路援二十三日乃進攻蔚山游擊擺寨以輕騎誘倭入伏獲級四百餘倭盡奔島山連築三寨翌日游擊茅國器統浙兵先登連破之獲級六百六十一倭堅壁不出方力攻山寨時裨將陳寅身先士卒斫柵兩重清正白袍躍馬督倭拒守至其第三寨垂拔楊鎬遽令國器割級戰稍懈

國器復以李如梅未至不便首功遂鳴金收軍詰朝如
梅至攻之不拔島山視蔚山高石城新築堅壁官兵仰
攻多損傷諸將乃議曰倭艱水道餉難繼第坐困之清
正可不戰縛也鎬等以爲然分兵圍十日夜倭炮從隙
發中多疊傷然亦飢甚約降緩攻而冀行長來援行長
亦慮我襲釜營不敢輕進乃選銳卒三千人虛張幟蔽
江上朝鮮李德馨詭報海上倭船揚帆而來鎬不及下
軍策馬先奔諸軍無統御皆潰清正縱兵逐北官兵死
者萬餘游擊盧繼忠三千人殲焉鎬貴奔星州撤兵還

王京會同邢玠露布言蔚山大捷諸營上薄書亡卒二萬餘大怒駁改正稱百人贊畫丁應泰聞蔚山之敗慚恨詣鎬問後計鎬亦以內閣張位沈一貫手書并所票本下旨揚揚功代應泰怒總進退情寔首論一貫交結邊臣扶同欺蔽鎬附勢煽禍飾罪張功及麻貴李如梅按律悉當斬鎬駁改陣亡兵為卷冊封進帝覧震怒欲付法輔臣趙志皋力救乃罷鎬聽勘以天津巡撫萬世德代鎬經理遼左二十六年春正月總督邢玠以前役乏水兵無功乃益募江南水兵議海運為持久計二月

總督陳璘以廣兵劉綎以川兵鄧子龍以浙直兵先後至玠分兵三協爲水陸四路路置大將中路如梅東路貴西路綎水路璘各守汛地相机行剿時倭亦分三窟東路則清正據蔚山自冬攻圍益增兵西生机張而恃釜山爲根本西路則行長據粟林戍橋建寨數種憑順天城與南海營相望中路則石曼子據泗州北恃晋江南通大海爲東西聲援薩摩州兵剽悍稱勁敵而行長水師番休濟餉往来如駛玠懸島山之失時於三路外置水兵一路約日並進尋報遼陽警李如松敗没詔如

梅遂赴之中路以董一元代九月將士分道進兵劉綎
進迫行長營約行長為好會翌日攻城奪其橋斬首九
十二級陳璘舟師協剿擊毀倭船百餘行長潛出千餘
騎抗之綎不利退綎亦棄舟走麻貴至蔚山據險割其
糧稲頗有斬獲倭偽退誘之貴入空壘伏兵起遂敗董
一元進取晉州乘勝渡江南連毀永春崑陽二寨倭退
保泗州老營麾戰下之游擊盧得功沒於陣前逼新寨
寨三面臨江一面通陸引海為濠海船泊寨下千計築
金海固城為左右翼中道東陽倉十月董一元遣游擊

茅國器彭信古葉邦榮前攻城游擊郝三聘馬呈文師
道之柴登科繼之游擊藍方威攻其東北水門信古用
大砲擊寨門碎城堞數處步兵競前拔柵忽營中火藥
崩烟燄漲天倭乘勢衝擊固城援倭亦至郝三聘馬呈
文率騎兵先走奔還晉州勘科徐觀瀾奏四路喪敗旨
下部斬馬呈文郝三聘以徇一元等各帶罪立功是月
福建都御史金學曾報七月九日平秀吉死各倭俱有
歸志十一月十七夜清正發舟先走麻貴遂入島山酉
浦劉綎攻奪曳橋石曼子引舟師救行長陳璘邀擊敗

之諸倭揚帆盡歸朝鮮患亦平自秀吉亂朝鮮前後七
載喪師數萬糜餉數百萬中朝與朝鮮迄無勝算至秀
吉死兵禍始休諸倭亦皆退守島巢秀吉凡再傳而亡

平壤錄

吾妻鏡補卷二十八

吳江翁廣平 海琛纂

附庸國志

馬韓國 在西有五十四國其北與樂浪接其南與倭接

辰韓國 在東十有二國其北與濊貊接

弁辰國 在辰韓之南亦十有二國其南亦與倭接凡七十八國百濟其一也

邦馬國 狐賊國 筵行酒國 行觧國 辰韓耆老

自言秦之亡人避苦役適韓國馬韓割東界地與之
其名國為邦為馬有似秦語故或名之為秦韓以上
後漢書東夷韓國傳
東鯷國 會稽海外有東鯷人分為二十餘國又有夷
洲及澶洲傳言秦始皇遣方士徐福將童男女數千
人入海求蓬萊神仙不得徐福誅畏不敢還遂止此
洲世世相承有數萬家人民時至會稽市後漢書倭傳
按日本輿地志村石溪先生曰紀州有熊野山中國
秦始皇令徐福與童男女五百人入海求蓬萊仙徐

福遂到此州熊野山下居住其後居富士山下云平
考日本諸國經紀伊州在其其東南徐福島在其西
北與新羅朝鮮相近去紀伊州有數千里徐福未必
若是之播遷也谷溪之說恐謬當以後漢書爲正
百濟國　新羅國　任那國　加羅國　秦韓國　慕
韓國　宋書文帝元嘉二年倭珍自稱倭百濟新羅任
那秦韓慕韓六國諸軍事安東大將軍二十八年亦
稱六國諸軍事有加那無百濟孝武大明六年興有
百濟加羅稱七國諸軍事　按唐書百濟扶餘別種

東近新羅南近日本西近越州北近高麗其國有五部三十郡二百城户七十六萬武后時其地為新羅渤海靺鞨所分百濟遂絶

毛人國 宋書順帝昇明二年倭王武上表曰東征毛人五十五國 唐書東北限大山其外即毛人云宋奝然年代紀國之東境接海島夷人所居身面皆有毛

蝦夷國 常陸國 下野國 靺鞨國 此四國見日本風土記多賀城碑記去王京水陸路程多賀去京

一千五百里其四國去京二三四千里不等碑立於
大炊天皇天平寶字六年時在唐肅宗乾元五年宋
奝然年代紀日本圖經載常陸下野屬七道中之東
山道則知此二國在唐爲屬國在宋爲屬州也

唐書黑水靺鞨國居肅慎地亦曰挹婁東瀕海西屬
突厥南高麗北寶韋離爲數十部各自治唐貞元後
渤海國盛靺鞨役屬之不復與王會

鷄林國　唐書新羅國弁韓苗裔地横千里縱二千里
東距長人東南日本西百濟南瀕海北高麗唐龍朔

初改爲雞林旋復爲新羅
邪古國　波邪國　多尼國　唐書倭國傳光啟元年
其東海嶼中有邪古波邪多尼三小王北距新羅西
北百濟西南直越州
海島之大者附載各國之後其小者不下千萬難以殫
述大率在亞細亞者蘇門答蠟日本浡泥最大西海艾
儒畧職方外記
日本之東洋大與紅毛之大西洋相對海國聞見錄
長崎與普陀東西對峙水程四十更廈門至長崎七十

二吏法國聞見錄

有西竺僧回轉智冰炙一楮袍人呼紙衣道者走海南諸國至日本適吳越忠懿王用五金鑄十萬塔以五百遣使者頒日本使者逆智附舶歸程珌勝相寺記

癸辛雜識嘉定乙亥歲楊和王墳上感慈菴僧德明游山得奇蕈歸作羹供衆僧行死者十餘人德明亟嘗糞獲免有日本僧名定心者膚理拆裂而死其度牒至今存楊氏菴其年有久安保安治象等僧銜有法勢大和尚威儀從儀少屬少錄等號是歲其國度僧萬人定心

姓平氏乃其國京東路相州行香縣上守鄉光勝寺之僧

祥符中日本國使囬乞詞臣撰本國神光寺記時當值者詞學不甚優贍常以張君房代之既傳宣令急撰寺記張醉于樊樓遍尋不得而夷人在閤門翹足而待中人三促之紫微大窘 湘山野錄

日本國所貢雕觀音高五丈憲聖后製金縷衣以賜及桂体僅至其半遂再製衣以獻 四朝聞見錄

洪武初日本貢一白玉觀音上甚珍之賜鷄鳴寺永樂

中仁孝皇后愛其精美以石琢者易歸大内製雕花沉香座（五湖漫湖）

估客所集之地為長崎縣又名瓊浦猶中國之一大都會也距王城尚三千餘里山水秀麗烟火萬家有七十二街街各有名人曰町町有長客舟至則町長主之適館如歸宴客無虛日（袖海編）

洋船到長崎不論中外客商有一官領數十人來搜檢雖瓶盞盎所藏油酒等物亦必以簽探之蓋恐其帶違禁毒藥也然其由來久矣三國志有邸閣國有市交易

有無使大倭監之自女王國以北特置一大率監察諸國皆臨津搜露傳送文書賜遣之物諸女王不得差錯

長崎稱中國人爲唐人故其云公館曰唐人屋鋪亦曰唐人公館交易之所曰唐人番貯貨之所曰唐人荷物藏商於東洋者原可獲利且可開拓聞見路亦不甚遠然多山礁指南稍失即有沉溺之患又有落漈之虞故爲商者恒惴惴焉

水至彭湖漸近琉球謂之落漈漈者水趨下不迴也凡遇風作漂流落漈回者百不一二 元史

琉球北有落漈之患漈即尾閭也臺灣淡水亦然據此則琉球以東别無地矣何以尚有烏形黿形之毘舍那國蠕蠕于琉球東隅烟霧間耶是弱水之外更有測嶠扶桑以後猶多島嶼誠不容以蛙黽之見槪之也琉球國志畧周煌

南澳氣古爲落漈居南澳之東南七更嶴小而平挂脚嶁峙石灣有沙洲吸四面之流船不可到入溜則吸閣不能返北浮沉皆沙垠約三更餘盡北處有兩山名曰東獅象與臺灣沙馬嶼對峙隔洋濶四更洋名沙馬崎

頭門南積沙垠至粤海爲萬里長沙頭南隅斷一洋名曰長沙門南北約濶五更又從南首復生沙垠至瓊海萬州曰萬里長沙沙之南又生嶁峙石至七州洋名曰千里石塘長沙一門西北與南澳西南與平海之大星鼎足而峙大洋之水爲沙兩隅節次斷續南沙頭爲潮汐臨頭四合流外長而内退外退而内長之船者入溜須沿沙節次撑上斷續沙頭夾退流乘南風東向盡流南退雖欲北上而南下者正所以求生也何也南風夾退潮方能出溜雖溜下然而歸于大海不入内溜方得

乘南風而歸蓋潮水分合退爲長長爲退夾流以開句臨頭滙足句易知迸渦句難識遠扞句自有一定之理在悉海國形勢於胸中意會變通豈操舟者把死木之所爲哉南澳氣受四面流水入而不出歸于無處豈氣下另有一海以收納乎四入者從上而入必從下而出如溪流湧急投以葦席入而出於他處此理甚明並以誌之海國聞見錄

行海不畏風濤而畏山礁蓋海船穩而堅雖大風浪不能覆也惟誤觸山礁則破矣即不幸而破壞其人至靡

有子道雖在極遠之洋必有形跡可尋若一去不返而全無形跡者則入溜而至落漈也落漈在長崎東十餘更名南澳氣亦名嶁岵城如遇極大西北風不能收長崎則入溜中矣自我　國朝康熙至乾隆中入溜者有五舟而其三則返三者之中其一康熙五十九年范姓局中舟順風行五日已能望見長崎將入港而風狂甚漂至一處四望無山影但見萬派東趨中有一派其捷如箭皆大驚曰此入溜也羣相泣禱于天后神前筊詞大吉衆心雖稍安而舟則乘風隨溜東下望見嶁岵城

衆復泣禱於神前則又大吉而舟竟入城中泊於山足兩日忽見山頂上一女提筐而行衆喜曰此天后顯聖也我輩有生机矣於是張篷以待忽東南風大作遂出城上濁而返其一雍正十二年何姓商中舟亦隨風入濁約行五六更風轉而東漂至西洋歷三年而返其一乾隆三十餘年黃姓商中舟亦入嘍峪城時值端午日至午刻城中水漸高與城外水平東南風起遂返嘉慶十五年又一舟入濁行僅二更遇南風而返余謂落漈即列子所謂渤海之東有大壑焉寔爲無底之谷注曰

尾閭也列子又曰有蓬萊員嶠五山在焉則嘍岵之環拱者其界即山否耶其入而不返者將葬於魚腹之中耶抑羽化而登仙耶

乾隆初年吳興之德清縣新市鎮有沈南蘋名銓者工畫凡山水人物花鳥界畫之類俱極工細海舶曾携其畫出洋日本人以重價購之數年後日本人謂船主曰如南蘋先生肯至我國以千金為賺船主歸以告南蘋許之遂至日本自國王以至商賈無不願得沈先生畫為快者從學者有數十人留三四年積潤筆五萬餘金

市其國中貨物歸將入寧波海關忽黑風從西北來其船復海旋轉不定風極狂暴始則蓬檣摧矣繼則其舵樓圮矣樓中之人隨樓而入海船身亦觸礁而壞船中貨物浪打隨盡矣時舟中僅存三十三人南蘋緊抱畫櫃泣曰我當與此同入海也約漂四五時風稍定泊一小島三十三人努力取三板船上岸則廣東潮州府也南蘋沿途賣畫以為食有餘以分食同人歷六七十日始而歸　按畫友錄曰日本國遣使來迎留海外三年歸時所得金帛悉數散給之戚友黨仍蕭然衣簡齋太

史有長歌贈南蘋謂同行有空乏者傾囊資之蓋皆欲
高其人品耳非記實也
日本人曾購袁簡齋小倉山房集故其八十自壽詩有
倭國都來購詩稿之句
沈景明者南蘋族類也亦曾至東洋因風不順至陸嶴
州州中風景與長崎相似其土產僅有麥蔬果之屬如
山薯山藥黃精之類頗多麥則富貴者食之其餘食蔬
果而已惟州之君長家則食米飯蓋日本國王所給者
景明逗留日久舟中米盡亦食山薯等物而君長減所

食米飯以食景明景明知君長待之厚且知舟中之貧者不能嘗食糖乃謂君長曰我欲施糖與貧者人各四兩君長曰君果有此豪舉我當徧示州中以廣君惠乃定某日於某山給發至期舁糖至山來乞者數千人有以銅鐵器盛者有以破螺蚌殼盛者有以磁碗瓦缶盛者有竟以兩手匊者既得糖或疾馳而歸與家人分食者或緩步徐行而喫其味者或隨行隨食而喜笑自得者或以指醮食如醉酒狀臥于山上反側至山下而不自覺者凡施糖三千餘斤至今東洋人傳爲佳話云

日本國王自來無篡奪之事關明神宗時有稱關白者奪其位國王懦弱無可如何避于海上關白遂為王而各島之貢賦并國中之生殖俱絕竟為不毛之地于是關白曰我無德以居之仍讓故王為王而貢賦生殖如故鷄窗叢話

國中平原橘藤四姓為日本巨族互相窮據為王續文獻

按此窮據乃附庸之州非山城君也

山城君號令不行徒寄空名於上山口豐後出雲開山軍門各以大權相吞噬今惟豐後尚存亦不過兼并肥

前肥後筑前筑後豊前豊後六島而已初山口并吞石見長門安藝備前備後備中出雲伯岐丹後因幡但馬共十二國後出雲奪歸其地山口長子死焉其君亦爲陶殿所殺豊後君以其弟攝山口事呑安藝安藝殺之嘉靖三十六年山口無君豊後獨稱雄焉山城君金印勘合久爲山口所有向來入貢俱山口自主山城惟出名而已陶殿之亂宮殿勘合俱焚金印亦損一角不知所歸海防續編

日本國王山城君實王姓而明時入貢者多滕姓蓋國

王歷來不過守府其權皆在將軍藤姓既爲將軍其朝貢之事皆得主之且有不假山城君出名而自出名者而中國紀載即以出名者爲其國王耳

佚存叢書序曰無易姓革命之變誠古今所希有也考尤良成外國傳載平秀吉者以廝養代關白誘降六十六州遂篡倭王山城君自號爲大閣王並改後陽城天皇天正二十年爲文祿元年東征事畧曰秀吉官至關白未幾弑山城君自立爲王通紀纂萬曆二十二年遣臨淮侯李宗城册平秀吉爲日本王則與續編叢話之

所記大不符也考秀吉於萬歷廿六年薨子秀頼秀頼子秀忠於萬曆三十三年任將軍夫秀吉既為王矣則子孫當襲王位何以又稱將軍乎則弑君之説當未確也不過徒守空名任其爭奪而已又萬歷四十三年秀忠以兵三十萬攻秀頼秀頼敗死分據其地三十六州則山城君幾無餘地矣海國聞見錄曰昔時上將軍曾篡奪之山海應貢之物不産五穀不登陰陽不順退居臣位然後順若如故至今無敢妄冀者相亦指平氏事也惜紀載之不詳耳

山城州爲畿內重地東有日野寺極高乃日昇處西有高雅山寺二山如龍虎拱鎮國畿又有日春大寺高二十丈銅佛一尊高十六丈七道周圍山城各設大將軍一員鎮守京畿居中惟西海道近浙江山少上養久山居海中方圓二百餘里竹木叢茂多茶筍又出多羅木有地都守之各道犯死罪矜免者發彼官賣拘留截木献板非銀贖身老死不可離也 平攘錄

明詩綜載日本詩有衣冠唐制度礼樂漢君臣之句竹垞曰國俗無冠國王但著烏帽直而頂圓銳高半尺以

縉紳之男女笠用蒲或竹或楊木謂爲唐制度夫豈其然若夫天皇之子娶于其族夫死妻立兄死妹立子死母立何禮之有按竹垞此說是王子與同宗爲婚而王則否然今日之王子即他日之國王則日本世世與同宗爲婚矣何所本而記之乎考隋書及文獻通考俱曰婚嫁不同姓又隋書開皇時倭王姓阿每王妻姓雞彌是不同姓之明證也竹垞此言必非鑿空後見諸葛元聲平攘錄云國王之子娶于其族關白子娶諸大臣家然徧閱歷朝日本紀傳從無此說及閱唐書新羅國傳

其族以第一骨第二骨以自别弟兄女姑姨從姊妹皆聘爲妻王族爲第一骨妻亦其族生子皆爲第一骨不娶第二骨女雖娶常爲妾媵則知元聲因新羅而悮而竹垞又因元聲而誤也竹垞又以立女王爲非礼誠然矣然亦視其國之治不治民之服不服耳三國志倭女王卑彌呼死更立男王國中不服更相誅殺復立卑彌呼宗女壹與年十三爲王國中遂定夫爲王而能定國則亦善矣何必問其爲男爲女耶竹垞所論失之苛矣

日本國抄本國史嘉興徐某令內郎所得朱竹垞太史

覩見之其紙以高麗而較薄頁面人血染漬作殷紅也

題曰吾妻鏡義理極幻異　程哲蓉槎蠡記人血染漬之

説論

日本有吾妻鏡一書亦名東鑑吾妻二字不可解或曰

地名鏡即鑑也嘗與竹垞太史考之日本地理無有名

吾妻者太史戲也日本本名倭奴海東諸國多以奴為

名且有名姐奴者既可稱姐何不可稱妻耶相與一笑

鷄窗叢話

俗傳易經不能過海洋又王漁洋言孟子不能過海今

日本俱瞞此二書不聞其覆溺也
凡交易必有人傳語猶中國之主人謂之通事通事之
家常請中華人宴飲間有幾家用臺桌椅座之類頗精
緻古雅蓋日本國人書畫飲食倭用矮几無高桌者因
怪而問之答曰我上世中國人也并出其祖先畫像視
之有元明人題咏其所藏字畫亦自宋元人真跡蓋為
通事須通華夷之言既係中國人自不忘土音居之既
久則能習夷音也余考中國之居海外者曾有少師楊
聲磬襄秦時有徐福元末有沈萬四明末有田仰亦浮

海去矣紀傳中雖不明言其居何國大約不離日本近
是又聞明時通商多閩人到彼爲通事遂家焉故至今
有中華人也
又部公譚纂李鳳鳴字時可讀書工文詞家兩獻涉高
皇帝渡江以米二千斛牛羊數百犒師又手詔借米二
萬斛未幾時可挈其妻子并家資浮海而去或傳其子
孫在琉球云
昔登州陳松歸自東洋言於崎島遇老漁通華言問其
壽曰六百歲矣五十歲時捕得扶桑國大白螺烹而食

之頓覺精神强健步履如飛但有腥臭如鰒魚爲衆所
遂出棲島際縫天鵝翮爲衣捕魚爲粮逢東國人詢吾
子孫已年遠無可考矣又云其螺瑩潔如白玉大容五
斗米　綴異錄

蔡遂山先生說其曾祖博通典籍嘗附洋船遊日本國
王遣人到琅環客館問有唐人通史學者否以公應命
旣至揖讓畢王南面坐蔡公北面坐別設几椅兩旁侍
臣重譯傳命凡捧巨冊至則宋史也有不解處數條求
爲指示公辨論宏通反覆開曉王大悅賜茶點畢送

出殿外既歸館明日送礼物来則珍瑰滿盒龍璣百琲珊瑚長三四尺奇彩溢目俱却謝不受受其匣中小倭刀鸂鶒所瑩綠光閃爍切玉如泥又有海錯數種公俱不識欲不受館人曰此係土産若却之王將不悦乃受而分贈館人焉霞舫筆談載

磁砂消瘴毒施之東洋則更效舟中不敢帶恐為龍所取也蓋龍身多腥涎得磁砂洗之則淨然産于西藏龍不能徃取乃取沿海山中之硇水石代之若携之東洋價可得數百換乾隆五十三年冬曾有人齎三兩於箱

中船主問有磁砂否其人曰無有船主欲搜之旁一人曰時值天寒未必有龍也遂開船出大洋忽有腥風突至火掌驚曰有龍來也必有人帶磁砂急拋去免覆舟危其人急開箱取磁砂龍已盤旋船上介之而去

東洋多狐祟稍詬罵之即毀損器物搖動床屋甚至有損命者故為商者常惴惴焉惟恐其取戾也後乃請于中國塑　關聖帝君　許之一立廟于國中一立廟于崎島遂不敢為祟

後序

風車大徽屹然南戍之門爲卜獅言邈矣古辰之國檀原繼統克念衡山采葯之人柳谷迎賜哀遣渤海扶桑之地致其君長薦是娙娥娩慧業於息真亦能織綿門英姿於葉栁并不驚乎洵衣冠劍佩之可稱爲赤白元黄所未遠制度恪遵乎中土聲明特盛於東方此吾妻鏡之所以流傳於上國也其書凡五十二卷所紀共八十七年惜乎鴃舌句斜無非孔本姿基之語虫書結屈間有花羅吶子之文無當雅裁殊乖史例雖承先叟以

伏名爲瓌寶之不啻龍威而曝書亭以識小相評視之究同鷄肋平望翁海琛先生智珠善記古尺工量談天之口常開縮地之壺緊佩雲譎波詭聞人所未聞天貽目明補其所當補表世系則瞻波彥歛詳書筑紫之初終志職官則治部軍尼細辨坋丹之大小因幡出羽遐稽州島之名紺屋金魚壁記郵程之號他如雨町新編之敘令鷄林舊弆之簡編青龍指午之年經書始度白鳳紀元之歲韻語方滋多賀城訪從四位碑想見遐陬之石刻忠懿王頒五百座墖留遺古篆於金塗朱綠鈴

物氏之章識是大連後裔犁墨拓人皇之誥計當開寶元年曉井春雲詩成寂照蓮花貝葉表具裔然莫不輯錄多多部居秩秩至若披龍之戲採鰒之方臂鯨蛟鱷之形璣挂鸂鶒之項製萬衫而索婦跨火新譜設柴鼎以娛賓磨茶競尚以及青玉白珠之焆耀鹿身魚首之傀奇蝌瓦光青鍛燈鋑紫嵌龍鑒鳳湛然上庫之刀繪之月描雲妙絕倭奴之扇土風備載方物周知極之大漢之所居毛人之所宅下野先為屬國而後改州名新羅曾列附庸而恒通驛使為一卷並尺千秋顧戒者而

後序　二

龍漢而遥縉紳勿道鴻濛以外聞見多誣今乃範水於榔津模山於稱佑便奪驢骨之席難論鳳味之勲不知高麗圖經昉自宣和之世島夷志畧成於至正之朝或畔或從足資青史為夷為夏並在黄圖倘使見是冊而攢眉夫亦類蛙紗之蔽眼矣壽昌各慚怒虎路昧句驪仁壽之言窮聞於許氏文章之友罕遇夫晁卿佩迷穀以何能服釆華而華在柔遠能邇但看吾鄉七十座之譙樓德清縣故城久圮明嘉靖間以防倭重建詳見家尚書德清縣築城碑貽彼國百廿朝之史法德清蔡壽撰

跋

翁子海琛以日本吾妻鏡一書闕略未備積一生心力窮蒐博采撰成吾妻鏡補若干卷凡其國之世代譜系山川都邑典章風俗物産方言無不詳且盡撝以示余而以序爲請夫吾妻鏡者日本國之史也彼國有吾妻島故因以名鏡即鑑也故又名東鑑雖有刻本中國流傳甚少在博學者未嘗見翁子乃貫穿其書舉其要而補其所未備異哉昔太史公作朝鮮南越東越西南夷等傳皆近接方域漢家聲教所及故能詳哉其言之後

世史家摭拾要荒以外漸多鑿空之說然不過撮其大畧附以國史之後而已罕有專勒成書者至

本朝乃有琉球中山等志此皆

天子輶軒之使親至其地采訪其國之遺聞軼事而後成一家之言若翁子家吳江之平望闤闠囂塵一閧成市獨翁子生平能閉戶著書未嘗税四方之駕況日本在大海外雖供職貢又與通商而史官不能得其要領翁子一窮鄉樸學之士乃能瞭然若羅紋之在其掌此豈尋常咫聞之流所能及乎昔在

高宗朝禁民間私錢偶得寬永通寶錢司農不知其所自來謂中國無此年號遂令有司者治之諸封疆大史無二人知者守令倉皇莫知所措吾鄉王慧音先生識爲日本錢以朱竹垞集中吾妻鏡跋爲證每歲商人向彼國市銅因以其錢入中國耳維時桂林陳文恭公巡撫江蘇據其言以入告由是士大夫始知有吾妻鏡之名然求其書卒不可得也觀翁子之書洵可謂好古多聞矣宋時徐仲車足跡不户庭而周知天下之務翁子殆有過之無不及也獨學老人石韞玉跋

附全四册目録

吾妻鏡補（四）